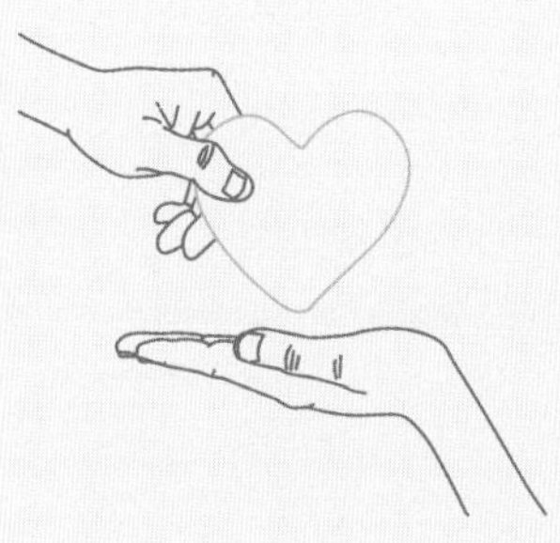

공감의 달인이 되어라

다른 사람의 개성을 가감 없이 받아들여라. 그것이 긍정이다.
인간은 누군가 자신의 말을 귀담아들어줄 때 가장 편안해진다.
그리고 더 나아가 자신의 이야기에 깊은 공감을 보여줄 때
최고의 행복을 느낀다.

지금의 자신을 사랑하라

위대한 존재가 되는 길은 멀리 있지 않다.
긍정적인 마음으로
지금의 자신을 사랑하면서 꿈을 이루어나가는 것이다.
그러면 세상에서 가장 빛나는 사람이 될 수 있다.

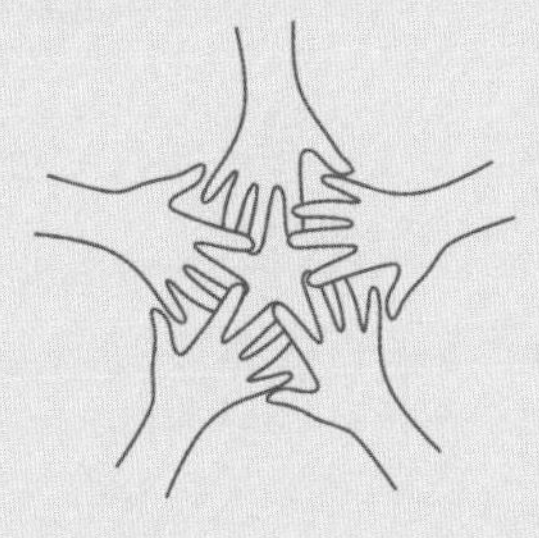

누구든 귀하게 여겨라

가난하다고 해서, 부자라고 해서 차별할 필요가 없다.
인간은 누구나 평등한 존재임을 한시도 잊지 말라.
그동안 이 사람 저 사람 가려가면서 대우하느라 피곤하지 않았는가.
이젠 누구든 귀하게 여겨보라.
머릿속이 청명해지고 단순해진다.

삶의 뿌리부터 긍정하라

무슨 일이든 긍정이 선행되어야만 잘 풀리는 법이다.
어설픈 긍정은 실패라는 결과로 귀결될 뿐이다.
하지만 참된 긍정은
우리 삶을 행복과 평화로 이끌어가는 최고의 답이다.
나는 이 사실을 날마다 새롭게 깨닫는 중이다.

죽을 만큼 힘들어도

나는 울지 않기로 했다

| 내 삶을 지켜주는 진정한 긍정의 마법 |

죽을 만큼 힘들어도

나는 울지 않기로 했다

백정미 | 지음

책이 있는 마을

프롤
로그

내 삶의 뿌리부터 긍정하는 것이 진정한 긍정이다

삶의 길을 걷다보면 참으로 많은 어려움을 만나게 된다. 우리는 왜 이렇게도 힘겨운 삶에 직면해야 하는가, 그런 질문을 던지다보면 어느덧 누구나 고고한 철학자가 될 것 같다. 사람들은 자신의 인생에 대해 한탄하곤 한다. 역경이 문지방을 넘어서 찾아올 때마다 한숨 쉬며 인생에 대해 원망한다. 부모를 원망하기도 하고 사회를 탓하기도 하면서 그렇게 자신의 에너지를 소모시킨다, 고민과 한숨은 젊음을 좀먹고 수명을 단축시킨다. 그 사실을 어렴풋이 알면서도 지금 이 순간에도 왜 고민하는가.

진정으로 자기 자신의 인생을 사랑하는 사람이라면 이제 그런 불필요한 고민을 과감하게 버려야 한다. 내 인생이 왜 이럴까 고민할 시간에 긍정을 하라. 내 인생은 왜 이 모양이냐며 자학할 시간이 있거든 긍정에 대해 공부하라. 바로 이 책이 여러분들에게 바른 긍정의 길로 인도해줄 것이다. 내 삶의 뿌리부터 뿌리 끝까지 긍정하는 것이 진정한 긍정이다. 나는 이 책을 통해서 여러분에게 어디선가 자주 들은 것 같은 막연한 단어 "긍정"이 아니라 실생활에서 유용하게 사용할 "살아있는 긍정"을 제시해 줄 것이다. 넘어져도 괜찮다. 쓰러져도 괜찮다. 툭툭 털고 살며시 웃으면서 다시 일어서면 그만이다.

긍정은 언제 어디에서나 필요한 가치다. 누구도 긍정을 배제하고서 행복해질 수 없다는 것은 진리다. 우리는 긍정이 외면해서는 안 될 최고의 답이라는 이 진리를 되새기고 살아야 한다. 언제나 긍정하는 태도는 인간으로서 가치를 드높이고 자신의 인생을 향기롭게 만드는 지름길이다. 긍정은 인생의 문제에 있어서 보편타당한 정답이다. 누구에게나 그것은 타당하게 적용된다. 어떤 어려움 속에 처해 있어도 긍정하는 사람은 행복해질 수 있다.

그러므로 우리는 늘 긍정을 공부해야 한다. 긍정공부는 자신을 위한 공부요, 가족을 위한 공부요, 나 이외의 모든 존재들을 위한 공부도 된다. 그만큼 긍정을 배운다는 건 중요한 일이다. 일찍이 긍정으로 사람들은 자신의 척박한 삶을 개척해왔다. 높은 빌딩, 현대화된 시설, 발전된 의학기술 등. 이 모든 현대문명은 긍정을 자기 삶의 주제로 여긴 사람들이 일궈낸 기적의 산물이다.

사업에 실패만 거듭하는 사람에게 당장 시급한 과제는 긍정하는 것이다. 취업에 어려움을 겪는 청춘에게 당장 시급한 과제도 역시 긍정하는 것이며, 불화로 갈등하는 가족에게 필요한 것도 역시나 긍정하는 것이다. 긍정이 아니고서 다른 어떤 것으로 삶의 난제들을 풀어낼 수는 없다. 그런데 많은 사람들이 어설픈 긍정으로 삶을 망치고 있다. 어설픈 긍정이란 긍정이 끝까지 유지되지 않는 공통점을 지니고 있다. 이제 참 긍정을 배워보자.

우선은 긍정이 선행되어야만 모든 일이 풀리게 되어 있는 법이다. 어설픈 긍정은 실패라는 결과로 귀결될 뿐이다. 하지만 참된 긍정은 우리 삶을 행복과 평화로 이끌어가는 최고의 답이다. 나는 이 사실을 날마다 새롭게 깨닫는 중이다.

차례

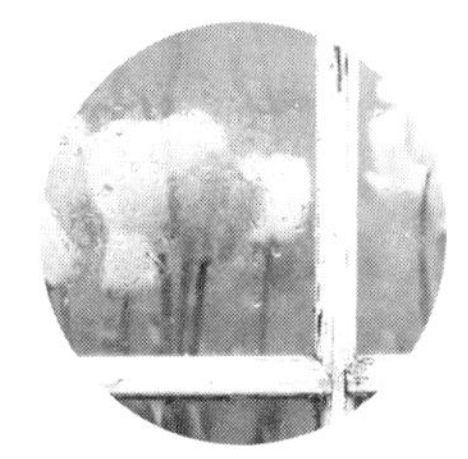

Part 1
머뭇거리지 않고 인생의 뿌리를 튼튼하게 하기

Part 2
울지 않고 햇살처럼 행복하기

Part 3

슬퍼하지 않고 생각의 뿌리를 키우기

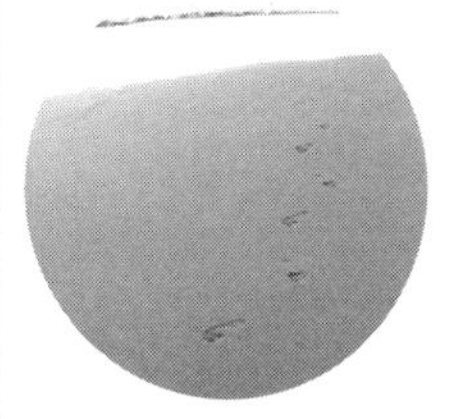

Part 1

머뭇거리지 않고 인생의 뿌리를 튼튼하게 하기

끊임없이 자아를 재정립할 것

1950년대 전 세계 천문학계에 뜨거운 논쟁을 불러일으켰던 쟁점은 우주의 생성에 관한 것이었다. 우주는 처음부터 끝까지 그냥 그 상태로 영원하다는 것이 정상상태우주론이고 우주가 과거 어느 시점에 한순간의 대폭발로 시작되었다는 것이 대폭발설, 즉 빅뱅설(Big Bang 說)이다. 그런데 대폭발설은 미국의 천문학자 에드윈 허블(Edwin Powell Hubble)이 주장하였다. 허블은 우주를 관찰한 결과 우주가 빠른 속도로 팽창하고 있음을 발견한 것이다. 그 이전까지만 해도 사람들은 대폭발에 의한 우주생성론에 대해 전혀 생각하지도 못했다. 하지만 허블의 과학적이고 실험적인 주장에 의해 대폭발설은 많은 이들의 주목을 받았다. 결국 대폭발 시에 우주에 골고루 퍼져 있던 전자기파의 발견으로 이 주장은 사실로 밝혀졌다.

만일 허블이 우주가 팽창하고 있다는 걸 발견하지 못했다면? 발견하고서라도 그걸 혼자서 조용히 알고 지냈다면 어땠을까? 물론 허블이 아니고라도 다른 사람이 그와 똑같은 발견을 할 수도 있었겠지만 더 시간이 걸렸을 것이다. 허블이 자신의 의견에 확고한 믿음을 가지고 그와 같은 주장을 함으로써 지구의 생성과정에 대한 첫 단추가 더 쉽게 풀린 것은 분명하다.

허블과 같은 세기의 발견 혹은 발명을 한 사람들의 공통점은 끊임없이 자아를 재정립하는 긍정의 성격을 지녔다는 점이다. 만일 어떤 사람에게 자아에 대한 재정립의 시간이 없다면 그는 정체되고 말 것이다. 자동차를 가지고 도로에 나가면 정체된 곳의 특징을 알 수 있다. 그곳은 분명히 복잡하고 난해한 지정학적인 문제를 지녔고 또한 운전석에 앉은 이들의 배려 부족과 짜증을 볼 수가 있는 것이다. 도로를 관리하는 기관의 문제와 운전을 하는 운전자들의 문제가 총체적으로 집약된 결과가 도로 정체라고 볼 수 있는 것이다.

"뭐가 이리 막혀? 서로 가겠다고 아우성이구먼."

명절이나 연휴기간이면 이렇게 꽉 막힌 도로 한가운데 갇혀서 푸념을 늘어놓는 운전자들이 한둘이 아니다. 이 사람들이 당장 시급하게 지녀야 할 것은 인내일 것이다. 참지 않고 화를 내면 낼수록 머리만 아프게 되는 것은 당연한 일이다. 또한 도로를 관리하는 국가기관에서도 어떻게 하면 정체된 구간이 없게 할 것인가에 대한 실질적인 대책을 수립해야 할 것이다. 이 두 가지 모두 그들 각자의 자아에 대한 재정립에서 출발한다. 운전자도 국가기관도 자기 자신들의 자아에 대한 재정립이 없다면 현재의 잘못된 생각에 갇혀서 옴짝달싹 못할 것이기 때문이다.

끊임없이 자아를 재정립하는 것은 긍정의 순기능이다. 긍정하는 사람은 자아를 재정립하는 걸 망설이지 않는다. 자신에게 부족한 것, 모자란 것을 깨끗하게 인정하는 일도 머뭇거리지 않는다. 반면, 부정적인 사람은 어떤가. 그들은 자아를 재정립하는 일에 매우 민감하게 반응한다. 절대로 자아를 재정립하기 싫다고 도리질을 한다. 그리고 자신의 부족한 것, 모자란 것을 누군가 말해주면 화를 내고 만다.

"내가 뭐가 어때서? 뭘 바꾸란 말이야."

이러면서 자신의 고착된 생각과 습관을 절대로 바꾸려고 하지 않는다. 그러면 잘못된 습관과 생각은 영원히 그 사람과 함께할 수밖에 없을 것이다. 어떤 이가 도벽이 있는데 자아를 재정립하지 않는다면 그는 평생 물건을 훔치면서 살 것이다. 매사에 소심한 사람이라면 자아를 재정립하지 않는 한 절대로 적극적인 인간으로 거듭날 수 없다. 요즘 사람들은 휴대폰을 어떤 걸 지녔느냐에 매우 민감하다. 구식 휴대폰을 지닌 사람을 보면 그 사람의 생각까지 구식으로 보이기 때문이다. 그러나 실상은 전혀 그것과는 무관하다. 인간은 어떤 물건을 지녔느냐에 따라 규정되어서는 안 되는 존재들이다. 그와는 다르게 어떤 생각을 지니고 사느냐에 따라서 규정되는 것이 정상이다.

자신에게 잘못된 것, 모자란 면이 있다면 자아를 재정립하라. 아니, 모든 인간은 잘못된 것, 모자란 면을 다 지니고 있으므로 어떤 사람이든지 반드시 자아를 재정립해야만 한다. 이것이 실질적인 충고다. 끊임없는 자아 재정립이야말로 사람을 사람답게 만드는 과정이다. 뜨거운 불 속에 들어가길 두려워하는 쇠는 절대 단단해질 수 없다. 인간의 행로도 그렇다. 자기를 깨뜨리고 다시 세우는 고통의 시간을 견디지 못하는 인간에게 진정한 행복이나 성공은 없다. 긍정의 마음을 가지고 자아를 재정립해야만 그나마 인간다운 인간이 될 수 있는 것이다.

그렇다면 도대체 어떻게 해야 자아를 재정립한다는 말인가? "자아를 재정립하세요."라고 말하고 내가 이 단원의 막을 내린다면 실제적으로 자아를 재정립하는 방법을 모르는 독자들은 혼란에 빠질 수도 있는 것이다. 그래서 여러분에게 보다 더 친절하게 자아를 재정립한다는 것이 구체적으로 어떤 것인지 설명을 해드리고자 한다.

내가 제안하는 자아 재정립 방법은 다음과 같다. 첫 번째, 과거의 나를 응시한다. 두 번째, 현재의 나를 관찰한다. 세 번째, 미래의 나를 설계한다. 매우 간단하게 요약한 방법이다. 그대가 자아를 재정립하고자 하는 의지를 지녔다면 첫 단계로 과거의 나를 응시하는 시간을 가져야 한다. 이 일이 왜 필요하냐면 과거의 자신이 했던 말이나 행동으로부터 배울 점이 반드시 있기 때문이다.

두 번째 단계에서는 현재의 나를 세밀하게 관찰해야 한다. 현재 내가 어떻게 살고 있는지, 무엇을 꿈꾸며 누구와 만나며 어떤 형태의 삶을 꾸려나가고 있는지에 대한 관찰이 반드시 필요하다. 그래서 자신의 현재의 위치를 파악해야만 한다. 그렇게 해야만 세 번째 단계로 들어설 수 있는 자격이 생긴다.

세 번째, 미래의 나를 설계하는 것은 삶의 숙제와 같다. 이것은 반드시 해내야 하는 숙제다. 또한 이것이야말로 자아를 재정립하는 방법의 정점이라고 할 수 있다. 그대는 반드시 미래의 나를 설계하는 시간을 가져야 한다. 유능한 설계사는 머릿속으로도 충분히 건물의 도면을 설계한다. 그대도 자신의 미래를 그 정도로 명확하게 설계할 수 있어야 한다. 미래를 설계한다는 건 자신의 인생을 어떤 방향으로 이끌어갈지를 정한다는 의미다. 목적지도 없이 걸어가는 사람과 명확한 목적지를 정하고 걸어가는 사람은 분명 다른 삶을 살게 될 것이다. 그러므로 미래의 자신을 설계한다는 건 한 인간의 완성에 다다르기 위한 필요충분조건이라고 볼 수 있다.

이와 같은 세 가지 단계를 거쳐야 비로소 인간의 자아는 재정립된다. 연약하기만 한 것 같은 자아가 이 세 가지 단계를 거치면 보다 더 확실하고 견고해지게 되어 있다. 여러분은 충분히 제2, 제3의 허블이 될 수 있다. 아인슈타인도 될 수 있고, 레오나르도 다빈치도 될 수 있다. 물론 팀 쿡이나 스티브잡스보다 더 훌륭한 사람도 될 수 있다. 아무도 주목하지 못한 것에서 최고의 발견을 할 수 있다. 그것을 가능하게 하는 건 바로 자신의 자아를 재정립하는 것이다. 과거와 현재와 미래에 대한 연계성 있는 반성과 관찰 그리고 치밀한 설계가 한 인간을 더욱 새롭고 창의적인 인간으로 변화시킨다는 사실을 늘 기억하길 바란다.

이성적으로 상황을 해석할 것

사람이 사는 과정은 어떤 상황에서 어떤 선택을 하는가의 연속이다. 그만큼 선택이 중요하다는 뜻이다. 그럼 이 선택을 결정하는 건 무엇인가. 바로 상황에 대한 해석의 방법이다. 어떻게 상황을 해석하는가가 올바른 결정을 할 수 있는지, 아니면 잘못된 결정을 할 것인지를 결정짓는다고 볼 수 있다. 긍정적인 사람은 상황을 이성적으로 해석한다. 이러한 이성적 해석의 기조에는 이성적인 생각이 있을 것이다.

상황에 대한 이성적 생각은 곧바로 상황에 대한 이성적 해석으로 이어진다. 긍정적인 사람은 자신이 지금 이성적인지, 감정적인지, 충동적인지를 잘 안다. 그래서 자신이 감정적이거나 충동적으로 행동하게 될 것 같은 느낌이 들면 자신의 생각을 이성적으로 바꾼다. 긍정적인 사람도 인간이다. 따라서 어떨 때는 이처럼 부정적인 생각들에 잠시 사로잡히기도 한다. 그렇지만 금세 자신의 생각을 긍정 쪽으로 변환시킬 줄 안다. 그러나 늘 부정적인 사람은 이성적 사고가 매우 힘들다. 그 까닭은 부정적인 생각이 이성적 사고를 마비시키고 있기 때문이다.

이성적 사고란 합리적이고 객관적으로 사실을 직시하는 것이다. 이 방법만큼 인간에게 우아함을 선물하는 것도 없다. 한 사람이 매우 이성적으로 생각하면서 산다면 그는 매우 우아한 인간이 될 것이다. 그의 사고는 합리적이고 보편타당하며 정서적으로도 바람직한 것이기 때문이다. 어떤 일이 벌어져도 당황하지 않는 것이 이성적 사고를 할 수 있는 기반이다. 다급한 일이 생겼다고 해서 허둥지둥하는 것만큼 시간을 소비하는 것도 없다. 어리석은 사람은 상황에 지배당하지만 지혜로운 사람은 상황을 지배할 수 있다. 이 점을 명심해야 할 것이다.

상황을 컨트롤하려면 이성적으로 해석해야 한다. 이성적 해석은 이성적 사고로써 가능하다. 자신이 매우 불쌍한 사람이라고 생각하고 사는 사람이 있었다. 그는 하는 일마다 쫄딱 망했다. 얼마 전, 그는 전 재산을 투자해서 편의점을 개업했지만 지금 거의 망해가고 있는 중이다.

"난 가망이 없는 사람이야."

늦은 밤, 포장마차에서 소주잔에 술을 부으면서 K는 힘없이 말했다. 그의 맞은편에는 십년지기 친구인 A가 앉아 있다. 그는 매우 이성적인 사람이다. 그리고 긍정적인 사람이다. 그는 친구의 상황을 이성적으로 사고하기 시작했다. 그리고 이성적으로 해석했다.

"그렇게 말하지 마. 그래, 네가 하는 사업이 썩 잘되는 건 아니야. 그건 사실이야. 하지만 어떻게 하면 다시 사업이 잘되게 할 수 있는지에 대한 키를 지닌 것도 바로 너야. 네가 선택한 사업이잖아. 처음에는 그런대로 흑자였잖아. 그런데 넌 한동안 편의점 운영에 소홀했어. 그것을 인정해라. 그러니 당연히 매출이 떨어지고 적자가 되었지. 또한 새로운 편의점이 최근에 근처에 개업했잖아. 그런데 넌 수수방관만 했어. 가게든 뭐든 제대로 운영하려면 주변상황에 대한 면밀한 검토가 필요해. 자, 이제 다시 열의를 가지고 편의점을 운영해야 할 시점이야."

"다 필요 없어. 난 망했다고!"

그러나 K는 A의 진심어린 조언을 새겨듣지 않았다. 그리고 몇 달 후 그는 편의점을 정리했다. 그에게 남은 건 갚지 못한 은행 빚과 병든 몸뿐이었다. 만일 그가 친구의 이성적인 해석을 잘 받아들여서 다시 편의점 운영에 매진했다면 어떻게 되었을까. 아니, 그 전에 스스로가 상황을 이성적으로 사고하고 해석해서 편의점을 운영했더라면 친구에게 그런 조언을 듣지도 않았을 것이다.

절대로 즉흥적인 사고에 젖지 마라. 즉흥적으로 해석한 결과를 진실로 믿고 살아가게 되면 그때부터 인생은 꼬이기 시작할 것이다. 상황을 이성적으로 사고하고 해석할 줄 알아야 한다. 급박한 일이 생겨도 두려워하지 말고 차분히 생각을 하라. 냉철하게 상황을 분석하고 철저하게 사건을 해석하라. 긍정적인 사람은 항상 이성적으로 생각하고 이성적으로 해석한다. 그리고 그러한 태도야말로 진정으로 행복해지는 길임을 잘 인지하고 있다.

다른 사람을
탓하지 않을 것

김 대리는 이 과장을 탓하느라 오늘도 입이 근질거린다. 사실 김 대리가 다른 사람 탓하는 것이 이번이 처음은 아니다. 그는 늘 무슨 일이 생길 때마다 다른 사람 탓이라고 말하곤 하였다. 이번에도 마찬가지의 행태를 보이고 있는 중이다. 이 과장이 잠시 자리를 비운 틈을 타 동료들에게 이렇게 말한다.

"저번에 이 과장이 일을 엉터리로 처리해서 우리가 형편없는 성과를 거둔 거야."

이 과장이 자리에 돌아오자 시치미를 뚝 떼고 멋쩍게 웃어 보이지만 김 대리는 왠지 기분이 개운치 않았다. 왜 그럴까. 다른 사람을 탓한다는 것은 부정의 정점을 찍는 행동이다. 부정적인 인간만이 다른 사람을 불행의 원인으로 지목하는 법이다.

반면 긍정적인 사람은 절대로 무슨 일에서든 다른 사람을 탓하지 않는 것이 원칙이다. 김 대리의 행동은 전혀 긍정적이지 않았다. 그는 자신의 행동이 옳지 않았다는 걸 잘 알고 있다. 그렇기 때문에 뒷맛이 개운치 않은 술을 먹은 것처럼 기분이 좋지 않았던 것이다. 사람은 다른 사람을 탓하는 동안 자기 자신의 본모습을 되찾을 수가 없다. 인간 본연의 모습은 바로 행복하고 낙천적인 모습이다. 이런 본연의 모습을 잃어버리는 사람이 된다면 얼마나 서글프겠는가.

김 대리만 그런 것은 아니다. 우리 사회에는 김 대리와 성향이 같은 사람들이 참 많다. 의류사업에 뛰어들었다가 몇 년 만에 망한 조 여사가 그러한 사람이다. 한때는 강남에서 손꼽히던 사업가였던 그녀다. 최고급 외제차를 서너 대 굴리고 수백억 원어치의 주식을 가지고 있기도 했다. 하지만 이젠 다 지난 과거일 뿐이다. 예전의 화려한 삶과 부를 잃고 초라해진 조 여사는 주변 사람들을 붙잡고 이렇게 하소연 하고 다닌다.

"그때 박 여사가 내게 그 사업을 하자고 꼬드기지만 않았다면 내가 이렇게 망하지는 않았을 거예요. 내가 지금 이렇게 살게 된 것은 다 못된 박 여사 탓입니다."

그런 말을 듣는 사람의 표정은 밝지 않았다. 조 여사는 스스로 부정적인 기운을 풍기고 있었기 때문이다. 긍정이 사라진 인성은 메마른 사막의 모래바람과도 같다. 그 누구에게도 촉촉한 사랑의 단비를 내려줄 수가 없는 것이다. 남을 탓하는 사람치고 행복한 사람은 없다. 늘 남 탓을 하느라 자신의 행복을 가꿀 시간이 부족하기 때문이다. 자신에게 닥친 불행을 다른 사람의 탓이라고 여기지 않는 것이야말로 올바른 선택이다. 그대는 어떤가. 다른 사람을 탓해본 적이 있는가. 한 번쯤 그렇게 해본 사람은 많을 것이다. 나도 그랬으니까. 그런데 이런 태도는 늘 그랬듯이 스스로를 작게 만들었다. 내가 다른 사람 탓을 하는 순간 나는 하염없이 작아진 것이었다.

다른 사람을 탓하면 자신의 정체성을 잃게 된다. 왜? 남 탓을 한다는 건 문제를 해결할 키를 자신이 쥐고 있지 않다는 가정 하에서 시작되는 일이다. 즉 자신은 이 문제를 해결할 능력도 의지도 없는 사람이라는 걸 스스로 인정하는 꼴인 것이다. 다른 사람이 이런 결과를 만든 원흉이라는 생각이 드는 순간을 조심하라. 그 순간을 잘 넘겨야 한다. 그런 생각은 누구나 들 수 있다. 그러나 그 순간을 어떻게 넘기느냐에 따라서 긍정적인 삶을 살 수도 있고 부정적인 삶을 살 수도 있다. 그런 생각이 든다면 두 가지 중 하나를 선택해야 한다. 하나는 그렇지 않다, 또 하나는 그렇다. 만일 어떤 이가 '그렇다'를 선택한다면 그는 자기 삶의 결정권자를 다른 사람이라고 자인하고 있는 것이다.

"저 사람 때문에." 혹은 "그 인간 탓이야."라는 말을 하지 말라. 그 말을 하는 것은 이런 말을 하는 것과 같다. "난 바보입니다. 난 내 인생의 결정권자가 아닙니다. 내 인생은 그 사람이 결정하죠. 난 아무것도 못하고 그냥 다른 사람이 내키는 대로 해놓은 결과만을 받아먹는 못난이랍니다."

이게 지나친 말이라고 생각하는가? 아니다. 절대로 지나치거나 비약하는 말이 아니다. 다른 사람 탓하는 사람들의 인생은 이처럼 허약하고 아둔하다. 정말 현명하고 지혜로운 사람이라면 아무리 최악의 결과를 얻게 되더라도 다른 사람을 탓하지 않는다. 그들은 긍정적이기 때문이다. 긍정이란 것은 좋을 때나 나쁠 때나 변함없이 자신의 삶에 대한 책임을 지는 것이다. 좋은 일이 생기면 "다 제가 잘해서 이렇게 된 거죠." 하고, 나쁜 일이 생기면 "저놈의 인간 때문에 이렇게 된 거야."라고 말하는 사람이 되지 마라.

좋은 일이 생겨도 나쁜 일이 생겨도 겸허한 마음으로 결과를 수용하는 사람이 되어야 한다. 농구경기에서 상대 팀의 교묘한 반칙 플레이로 지고 나서도 깨끗하게 패배를 인정하는 감독은 아름답다. 진 것은 진 것이다. 졌다면 깨끗이 인정할 줄 알아야 한다. 그것을 누군가의 잘못이라고 우기는 순간부터 불행은 똬리를 틀 것이다. 물론 명백한 반칙이었다면 정당한 항의는 해야 할 것이다. 하지만 만약 승패가 정해졌다면 결과를 받아들이는 것이 좋다. 패배했다고 해서 상대방을 원망하는 건 덧없는 일이다. 다른 사람에게 불행의 이유를 전가시키는 것은 절대적으로 해서는 안 되는 일이다.

모든 일의 책임은 스스로에게 있다. 전적으로 자신에게 책임을 지워라. 그러나 그건 자책하는 것과는 다른 것이다. 자책이 자신을 단죄하는 것이라면 긍정의 관점에서 책임지는 일은 자신을 키우는 성장법이다.

긍정적인 사람은 다른 사람을 탓하느라 시간을 허비하지 않는다. 대신 좋지 않은 결과가 생긴다면 왜 이런 결과가 도출되었을까, 원인은 무엇일까, 이 결과로부터 얻을 수 있는 교훈은 무엇인가, 앞으로 이런 일이 생기지 않기 위해 내가 배워야 할 점은 무엇인가 등에 대해서 생각한다. 이러한 고민은 인간을 성장시키는 원동력이다. 다른 사람들은 다른 사람들의 인생을 살 뿐이다. 그들을 내 삶의 주인공으로 만들지 마라. 그대는 그대의 삶의 주연이다. 타인에 대한 원망은 자신을 포기하는 행위다. 그러므로 절대로 다른 사람을 원망해서는 안 되는 것이다.

긍정은 타인에 대한 원망을 거둔다. 긍정적인 사람이 된다는 건 다른 사람에 대해 족쇄를 채우지 않는 것이다.

“저 인간 때문에 내가 이렇게 살아.” 이런 말이나 생각조차도 긍정은 허락하지 않는다. 타인에게 책임을 전가시키는 일은 비겁한 자들의 소행이다. 설령 진짜로 자신이 다른 사람 덕분에 사업에 실패하거나 일을 망치게 되었더라도 그들을 원망해서는 안 된다. 그것은 그들의 탓이 아니다. 그렇게 하기로 최종 선택한 자신의 탓이다. 자신이 왜 그런 어리석은 선택을 했는지에 대한 진지한 고민이 절실한 것이다. 남을 탓하지 않는 사람은 그런 진지한 고민의 시간을 가질 수 있다. 하지만 그렇지 않은 사람은 다른 사람에게 불행의 책임을 전가하느라 바빠서 자신의 삶을 온전히 돌보지 못할 것이다.

차이를
존중할 것

하늘에 무수히 떠 있는 뭉게구름처럼 세상에는 다양한 모습의 사람들이 살고 있다. 키가 큰 사람이 있는가 하면 키가 작은 사람도 있다. 공부를 잘하는 사람이 있는가 하면 공부를 못하는 사람도 있다. 능력이 뛰어난 사람이 있는가 하면 능력이 전혀 없는 사람도 있고, 얼굴이 예쁜 사람이 있는가 하면 못생긴 사람도 있다. 집이 부유한 사람이 있는가 하면 가난한 사람도 있다.

이런 모든 것들이 차이다. 차이가 없는 관계는 없다. 어떤 관계든지 서로 간에 일정한 차이가 존재한다. 설령 쌍둥이여도 그렇다. 외면적으로 똑같이 생긴 일란성 쌍둥이라도 자신만의 개성이 있기 때문에 차이는 존재한다. 이런 차이를 무시한다면 어떤 결과가 생기겠는가.

차이를 존중할 줄 모르는 사람은 무례한 사람이다. 이런 사람들이 간간이 있다. 그들은 자신과 다른 사람을 적으로 간주한다. 그래서 차이가 나는 점에 대해서 적대적으로 대응하는 것이다. 가만히 생각해보면 작든 크든 차이라는 것은 충분히 이해 가능한 것들이다. 다만 그것을 적대적 상황으로 간주하게 되면 문제가 된다. 그런 태도는 긍정적이지 못한 태도다. 긍정할 줄 모르는 사람은 충분히 이해할 수 있는 상황조차도 대립으로 이끌고 간다.

긍정적인 사람은 차이를 존중한다. 상대방이 자신과 다른 차이점을 보여줄 때 거기에 대해서 화를 내거나 부정적으로 생각하지 않는다. 누구나 자기만의 처지가 있다는 것을 알기 때문이다. 긍정적인 사람은 타인의 생각을 존중하고 취향을 존중한다. 그렇기 때문에 그 사람이 자신과 다르다고 해서 분노하지 않는다. 오히려 차이를 발견하게 되면 그 점을 더욱 신경 써서 배려한다.

"영애는 매운 음식을 잘 못 먹더라. 그래서 좀 덜 맵게 요리를 해봤어."

집들이에 친구들을 초대한 순희씨가 말했다. 순희 씨는 이렇게 세심하게 차이를 존중한다. 다른 친구들이 부러운 듯 말한다.

"영애는 좋겠다. 순희가 이렇게 신경 써주니까."

만일 이 상황에서 순희 씨가 차이를 존중할 줄 모르는 부정적인 사람이라면 영애가 매운 음식을 못 먹든 말든 자신의 취향대로 음식을 만들었을 것이다. 그리고 그 음식을 먹고 괴로워하는 영애를 보면서 이렇게 말할 것이다.

"야, 뭐가 맵다고 그러냐. 이 정도는 아무것도 아니야."

과연 이 정도는 아무것도 아닐까. 자신의 입장에서만 생각한다면 아무것도 아닐지 모르지만 상대방은 지옥 같은 맛을 경험하고 있을지도 모를 일이다. 차이를 존중할 줄 아는 것은 인간에 대한 작은 예의다. 다른 사람의 일생을 거부감 없이 받아들이고 이해하는 것이 긍정적인 사람의 태도다. 모든 사람이 다 똑같을 수는 없지 않은가. 모두가 다 매운 것을 잘 먹을 수는 없다. 모두가 다 같은 음악을 좋아하고 같은 꿈을 꾸며 살지도 않는다. 인간은 각 개체별로 독특한 개성을 지니고 사는 자립적인 존재들이다. 이와 같은 개별적 인간의 특성을 이해하는 것이야말로 긍정이다.

나와 다른 사람의 차이를 존중하자. 나와 다른 점을 지닌 상대방에 대해 최대한 예의를 갖추어라. 내가 못하는 것을 상대방이 잘한다고 해서 시샘하지도 말고, 내가 잘하는 것을 상대방이 못한다고 해서 멸시하지도 말아야 한다. 사람은 누구나 평등하다. 그러므로 어떤 차이점이 있다고 해서 차별대우를 받아서는 안 되는 것이다. 늘 명심하고 살아야 할 점은 바로 이것이다.

"사람은 누구나 개성대로 산다. 그것을 인정하고 존중하는 것이 긍정이다."

바로 지금 긍정의 출발선에 서라. 그래서 지금까지 차이로 인해서 갈등을 겪었던 그 누군가를 이해하라. 차이는 너와 내가 싸워야 할 대립점이 아니다. 오히려 서로의 다른 점을 배워가면서 성장하는 것이 인생이다.

고독을 즐길 것

대한민국 여성 한 명이 한 명의 아이도 채 낳지 않는다는 뉴스가 나왔다. 몇십 년 후에는 우리나라 인구가 지금의 절반 수준이 될 것이라는 예측도 최근 발표되었다. 그만큼 사는 게 힘들다는 방증이 아닐까 싶다. 사는 게 힘드니까 아이를 낳는 걸 주저하게 되고 인구수는 자연스럽게 줄어들게 되는 것이다. 내가 어렸을 적만 해도 각 집에 최소 세 명 이상의 자녀를 두었던 것 같다. 많은 집은 아이들이 일고여덟 명에 이르렀다. 그런 대가족 하에서 사람들은 외로움을 느낄 새도 없이 삶을 이어갔다.

하지만 지금은 고작해야 한두 명이다. 아예 아이가 없는 집도 있다. 이렇게 단출하게 살다 보니 고독은 더욱 자주, 더욱 깊이 사람들을 찾아온다. 복닥거릴 식구도 없고, 친구라고는 텔레비전과 인터넷이 전부인 사람들이 많아지고 있다. 그러나 텔레비전이나 스마트폰을 하루 종일 들여다봐도 절대 고독을 떨쳐낼 수는 없는 것이다. 왜냐하면 스마트폰 속 세상에는 인간을 진정으로 위로해줄 따뜻한 정서가 부족하기 때문이다. 인간은 어떤 화려한 환경이나 최신 물질문명 속에서도 외로울 수밖에 없는 존재다. 그러므로 인간의 고독은 피할 수 없는 숙명이나 마찬가지다.

추석이 다가오기 며칠 전 난 이 글을 쓴다. 추석을 며칠 앞두고 대형 교통사고가 발생해서 연예계는 물론 국민들이 슬퍼하고 있다. 교통사고가 발생해서 아이돌 멤버가 숨지는 사고가 발생했기 때문이다. 숨진 멤버는 항상 명랑하고 긍정적인 사람이었다. 그녀는 생전의 인터뷰에서 가족들과의 소소한 일상이 가장 큰 행복이라고 말했다. 나는 이 말에 가슴이 뭉클해졌다. 맞다. 우리는 소소한 일상의 행복을 너무 쉽게 간과하고 살아왔다.

긍정적인 사람은 자신에게 주어진 일상에서 행복을 찾을 수 있는 사람이다. 날마다 속 썩이는 남편과 자식들이 얼마나 소중한 존재인지를 깨달을 수 없다면 그 사람은 절대로 행복해질 수 없다. 또한 자신에게 숙명처럼 찾아오는 고독 역시도 얼마나 소중하고 값진 감정인지를 깨닫지 못한다면 진정한 긍정적 인간이 되기 어렵다. 고독을 배척하지 말고 받아들여야 한다. 고독은 우리가 태어나면서부터 지니고 온 생의 선물이다. 우리는 인간이기 때문에 외로운 것이다. 만일 우리가 인간의 육체를 지니지 않은 무생물체였다면 왜 외로움에 서글퍼지겠는가. 인간으로서 누릴 수 있는 축복 가운데 하나가 고독이라는 사실을 망각하지 말아야 한다.

긍정적인 사람은 고독할 때 고독할 줄 안다. 몸서리치게 사는 게 외롭다고 해도 그것이 인생을 전부 파탄으로 몰고 갈 급박한 것이 아니라는 걸 매우 잘 안다. 그래서 고독 때문에 자신을 괴롭게 만들지는 않는다. 긍정적인 사람은 고독할 때 고독을 즐길 줄 안다. 고독이라는 감정이 자신을 찾아오면 매우 우아하게 그것을 맞이해서 함께 시간을 보낸다. 그 시간 동안은 그 어떤 판단도 결정도 유보한다. 고독 그 자체와 순수한 만남의 시간을 갖는 것이다. 그래야만 고독이 주는 폐해가 아닌 이로움을 체험할 수 있음을 알기 때문이다.

세상 사람들이 자신만 따돌린다고 생각하는 외로운 남자가 있었다. 그 사람은 하루하루가 지옥 같은 삶을 살았다. 그래서 매일 스마트폰만 들여다보면서 무의미하게 삶을 허비했다. 그는 미치도록 외로웠지만 고독을 어떻게 대해야 하는지를 몰랐다. 그런 걸 가르쳐주는 사람도 없었다.

“너도 이제 무엇인가를 해야 하지 않겠니? 언제까지 그렇게 살 거니?”

그런 그에게 부모님은 참다못해 드디어 이렇게 말했다. 그러나 그 말은 그를 더욱 고독하게 만들 뿐이었다.

“아무도 날 이해해주지 않아. 난 세상에서 제일 외로운 놈이야.”

이 사람은 지금 고독을 즐기는 중인가? 그대에게 이렇게 묻는다면 그대는 물론 아니라고 대답할 것이다. 맞다. 위의 남자는 고독을 즐기는 것이 아니라 고독에 파묻혀서 자신의 인생 자체를 망가뜨리고 있는 중이다. 고독을 즐기는 사람은 자신이 할 일은 하면서 고독과 더불어 공존하는 사람이다. 다시 말해 고독하되 고독으로 인해 자신의 삶을 황폐화시키지 않는 지혜를 지닌 사람이다. 기억하자. 고독은 독을 품은 아름다운 꽃과 같다. 그것은 고혹적인 아름다움을 지녔으나 자칫 하다가는 그것에게 목숨을 뺏길 수도 있다. 우울증으로 자살하는 사람들 역시도 고독의 독에 희생된 사람들이다.

일상이 행복한 사람은 고독도 행복하게 만들 수 있다. 날마다 반복되는 지루한 일상이 생애 최고의 행복한 시간이었다는 것을 언제 깨달을 수 있는가. 그것은 전쟁이 난 나라를 보면 알 수 있다. 평화롭던 시절에는 아무것도 아닌 것 같았던 일상, 밥을 먹고 드라마를 보고 공부를 하고 학교를 가고 일터에 나가고 퇴근하고 가족들과 잡담하던 그 모든 것들이 전쟁이 난 후에는 불가능한 것이 되어버린 까닭이다. 심지어 시원한 물 한잔 마시는 것도 행복한 순간이었음을 절실하게 깨닫게 된다. 전쟁터에서는 물 한 모금도 귀한 법이다.

지금 한번 상상해보라. 그대가 사는 지역에 전쟁이 발발한다면 그대는 오늘 저녁 사랑하는 사람들과 저녁식사를 할 수 있을 것인가. 아마도 교통수단이 끊기고 전기가 끊기고 폭격이 시작되어서 어쩌면 영원히 그들을 볼 수 없을지도 모른다. 우리네 일상은 가끔 불행한 듯 보여도 그것은 두뇌의 오산이었던 것이다. 자신의 삶 자체가 행복한 것이었음을 어떤 참혹한 순간에 이르러서야 알면 너무 늦을 것이다.

아무리 불행한 일상이더라도 행복하고 소중한 하루하루임을 명심해야 한다. 남들이 나만 따돌리는 것 같고, 이 세상에서 가장 외로운 사람이 나라는 생각이 들더라도 그것을 절대적으로 믿지 말아야 한다. 그것은 생각의 농락에 불과하다. 고독까지도 즐기는 사람이 되길 바란다. 긍정적인 사람은 고독해지는 것도 두려워하지 않는다. 왜냐하면 그들은 그것을 기꺼이 인생의 일부분으로 받아들이고 긍정적으로 인생에 융합시킬 수 있기 때문이다.

최악일 때
최선을 다할 것

은퇴한 베이비부머들이 너도나도 생계형 창업에 뛰어들고 있다. 하지만 현실은 매우 척박하기만 하다. 특히 창업의 주류를 이룬다는 숙박업과 요식업의 생존율은 채 20%가 되지 못한다. 열 군데가 문을 열면 여덟 군데 이상은 문을 닫는다는 말이다. 그만큼 중장년층의 생활은 어려울 수밖에 없다. 그렇다면 이 문제가 중장년층에만 국한될까.

청년층의 실업률은 또 어떠한가. 수치를 굳이 들이대지 않아도 심각하다는 걸 우리는 잘 알고 있다. 노년층은 또 어떠한가. 고령화 사회에 접어들었지만 노인들의 삶의 질은 갈수록 저하되고 있다. 젊은 시절에는 뼈 빠지게 자식들 뒷바라지를 하다가 정작 자신의 노후대책은 전혀 하지 못한 노년층이 상당수에 이른다. 그렇다면 청소년층은 행복한

가. 불행하게도 대한민국 청소년층의 자살률이 세계 최고 수준이다.

이렇게 본다면 한국의 모든 세대들이 최악의 시기를 거치는 중이라고 해도 과언이 아니다. 어느 한 세대라도 완벽하게 삶을 보장받고 편안하게 산다고 할 수가 없는 것이다. 그렇다면 최악의 상황이 된 지금, 그대는 어떻게 살고 있는가. 어떤 이는 이렇게 말할 것이다.

"최악인데 뭘 어쩌란 말인가요? 난 더 이상 무엇을 할 힘도 없습니다."

그렇지만 이제 긍정적인 삶의 태도를 지닌 여러분은 이렇게 말해야만 한다.

"최악이군요. 음, 정말 좋은 기회예요. 제 자신의 가능성을 실험해 볼 수 있는 절호의 찬스입니다. 최선을 다해보겠습니다. 위기는 곧 새로운 기회 아닙니까?"

그렇다. 최악일 때가 바로 우리 인생의 최고의 기회인 것이다. 이 점을 잊지 말아야 한다. 필자가 알고 지내는 부부도 은퇴 후에 치킨집을 창업했었다. 부부는 매우 열심히 가게를 운영했다. 초기에는 그럭저럭 운영이 잘된 모양이었다. 하지만 채 반년이 되지 않아서 가게는 적자가 되고 말았다. 실의에 빠진 부부는 결국 가게를 폐업했다. 아내는 남편이 가게 운영을 잘못해서 돈만 날렸다고 원망하면서 가출을 했다.

남편은 매일 술만 마시고 산다. 아이들은 그런 부모들을 원망하면서 비행청소년이 되어버렸다. 이 모든 불행의 시작은 어디서 비롯된 것일까. 바로 삶을 긍정하지 못하는 부부의 생각에서 비롯된 것이다.

앞서 밝혔듯 대한민국에서 치킨집을 열어서 성공하기란 매우 어려운 일이다. 겨우 20% 정도만이 살아남는 가혹한 현실이다. 이런 점을 미리 염두에 두고서 자기 가게만의 차별화된 전략을 세우지 않는 것은 그들 부부의 잘못이다. 그리고 창업자의 80%가 겪는다는 창업 실패의 경우에 처한 것은 자포자기의 부정적인 태도로 살아버린 것이 결정타가 되었다. 그들 부부는 성공할 경우와 실패할 경우 두 가지 다 생각할 줄 알아야 했던 것이다. 물론 사업에 성공한다는 생각만 가지고 열심히 산다는 것은 권장할 만한 일이다. 하지만 인생은 성공과 실패가 늘 공존한다. 실패할 경우에도 변하지 않을 자신만의 긍정적인 신념을 지녀야 하는 것이다.

대한민국 모든 국민이 최악의 시기를 견뎌내고 있다고 봐도 좋을 만큼 너도나도 힘겨운 시간을 보내고 있다. 이러한 어려운 시절일수록 자신만의 긍정적인 태도를 지녀야 함을 기억하자. 특히 지금까지 경험하지 못했던 최악의 시기가 자신 앞에 닥쳐오더라도 침착함을 유지해야 한다. 퇴직금에 은행 빚까지 털어 넣은 치킨집이 망하게 되더라도 그러하다.

“여보. 우리 이제 어떻게 살아요? 당신 퇴직금도 다 날아가고 은행 빚도 갚을 희망이 안 보여요.”

아내가 이렇게 울먹인다면 남편은 이렇게 다독여주어야 한다.

“괜찮아, 여보. 난 우리 가게가 망하더라도 다시 일어설 준비가 되어 있어. 나만 믿고 따라와. 우리 두 사람 건강하잖아. 우리가 강해져야 아이들도 우리를 믿고 살아갈 거야. 치킨집 창업한 사람 열 명 가운에 여덟 명이 망한다잖아. 우리만 망한 거 아니야. 그리고 우리가 할 수 있는 일은 아직도 많아. 힘내자고!”

이런 남편이라면 은행잔고가 한 푼도 없더라도 믿고 살아갈 수 있을 것이다. 하지만 부정적인 생각에 사로잡힌 남편은 이렇게 말할 것이다.

“우린 망했어. 우린 끝장났어. 더 이상 난 못해!”

이런 남편과 함께 끝까지 살아갈 수 있는 아내도 없을 것이다.

어렵고 힘들수록 누군가에게 위로받고 싶은 게 인간의 본능이다. 그런 위로를 그대가 타인에게 줄 수 있다면 얼마나 좋겠는가. 때로는 우리 자신이 살아가는 모습 자체가 타인에게 큰 위로가 되어줄 수도 있다. 정말 저 사람은 최악의 상황이구나, 할 만큼 힘든 상황에서도 꿋꿋이 자신의 삶을 영위하는 사람을 보면 뭔가 모를 힘을 얻게 된다. '저렇게 어려운 처지의 사람도 저렇게 열심히 사는데 나도 힘내야지!' 이런 마음이 절로 드는 것이다.

긍정적인 태도를 지니고 산다면 최악의 상황이 되더라도 두렵지 않을 것이다. 긍정의 신념이 그대를 밤바다의 등댓불처럼 든든하게 지켜 줄 것이기 때문이다. 최악의 상황에 처하게 되면 더 최선을 다해 살아라. 그러면 현재의 어려움은 성공을 향한 하나의 징검다리에 불과할 것이다.

필요한 것과 필요하지 않은 것을 구분할 줄 알 것

수년 전 친한 친구로부터 들은 이야기다. 친구가 지인의 집에 우연히 가게 되었는데 놀라운 광경을 목격하게 되었다고 한다. 집 안이 온통 쓰레기더미로 가득했고 사람이 누울 자리마저도 없을 지경이었다고 한다. 화장실이며 거실이며 안방이며 모두 갖가지 물건들이 가득했다고 한다. 친구는 난생처음 보는 광경에 경악을 금치 못했다고 했다. 왜 친구의 지인은 그런 생활을 하게 되었을까.

친구 지인인 그녀는 버릴 것을 버리지 못했다. 마땅히 치워야 할 것을 치우지 않아서 집 안은 웬만한 쓰레기장보다 더 더러웠다. 이런 이해 불가능해 보이는 사건의 이면에는 한 여인의 슬픈 사연이 숨겨져 있었다. 그녀가 그렇게밖에 될 수 없었으리라 추측되는 사건은 바로 자식을 교통사고로 잃게 된 사건이었다. 10여 년 전 사건을 겪은 여인은 그 뒤부터 삶을 방치하게 되었던 것이다. 우리는 이 사건을 보면서 왜 저 여인은 자신의 삶을 저토록 무책임하게 방치하는 것일까, 하는 의문을 지니게 된다. 그리고 자식을 잃은 슬픔을 겪은 여인의 충격이 그녀에게 얼마만큼의 영향을 미쳤으리라 추측해보게 되었다. 하지만 모든 사람이 그런 사건을 겪는다고 해서 그녀처럼 되는 건 아니다.

언제든지 사람은 변할 수 있다. 특히 자신이 감당할 수 없는 일이 벌어지게 되면 순식간에 삶의 희망을 놓게 되는 경우도 있다. 그럴 때 자신을 조절하기 위한 가장 강력한 비법은 무엇인가. 바로 긍정적인 생활태도다. 긍정적인 사람은 필요한 것과 필요하지 않은 것을 분명히 구분할 줄 안다. 그들에게 그것은 붉은색과 푸른색을 구분하는 것처럼 아주 쉽다.

우리가 친구 지인의 입장에서 생각해보자. 어느 날 갑자기 사랑하는 자식을 교통사고로 잃게 된다. 그 충격은 이루 말할 수가 없다. 지금 이 순간, 꼭 필요한 것은 무엇인가. 그리고 필요하지 않은 것은 무엇인가. 지금부터 한번 진지하게 생각해보자.

자신에게 반드시 필요한 것은 바로 자기 자신의 삶이다. 사랑하는 사람을 잃었더라도 자신을 포기해서는 안 된다. 자신의 삶이 없다면 가족도 친구도 꿈도 모두 허상일 뿐이다. 이제부터 자신의 삶을 지켜야 한다. 그리고 결코 필요하지 않는 것은 부정적이고 파괴적인 생각이다. 이쯤에서 모든 걸 내려놓고 방황하고 싶다거나 멀리 도망치고 싶다는 등의 생각들이 그런 것들이다. 이런 필요하지 않은 생각을 버리는 것은 인생의 지혜다. 만일 그대가 자신에게 필요한 것과 필요하지 않은 것을 완벽하게 구분할 줄 알게 됐다면 더 이상 이 책을 읽지 않아도 된다. 그만큼 그 일은 충분한 가치가 있는 일이다.

필요한 것을 몰라서 아직도 세상을 헤매는 사람들이 많다. 무절제하게 도박장에 들락거리면서 인생을 허비하는 사람들도 그중의 한 무리이다. 그들은 자신에게 필요한 것이 무엇인지 모르기 때문에 삶의 목적지가 없다. 그러므로 하루하루가 그저 도박으로 얻는 쾌락과 희열에 빠진 날들일 뿐이다. 자신에게 진정으로 필요한 것이 무엇인지 위에서 미리 언급해서 여러분은 알 것이다. 도박중독자들에게 필요한 것은 바로 자신의 삶이다. 자신의 삶을 사랑하는 사람이라면 결코 도박의 덫에 빠져들지 않는다. 그리고 자신에게 필요하지 않는 것에 대해서도 누구보다 잘 알 것이다. 긍정적인 사람은 자신을 도박중독자로 만들지도 않을뿐더러 만일 도박중독자가 되었더라도 금세 빠져나올 수 있다.

자신을 소중히 여길 줄 알게 되는 것도 긍정적인 태도가 주는 귀한 선물이다. 긍정은 우리에게 사물을 올바르게 구별하는 혜안을 준다. 어떤 것이 날 이롭게 하는지 어떤 것이 날 해롭게 하는지 구별할 줄 알아야 삶이 행복해질 것이다. 반드시 내 인생에 꼭 필요한 것이 무엇인지 구분할 줄 아는 사람이 되길 바란다. 혹시라도 필요하지 않은 것을 얻기 위해 지금 이 시간 소중한 시간을 낭비하고 있지는 않은가.

단 한 번뿐인 소중한 인생의 시간을 필요치 않은 것들을 얻기 위해 허비하지 말라. 내 삶을 지키고 싶다는 긍정적인 시각으로 지금 자신이 하고 있는 일을 관찰해보라. 그러면 그것이 진정 자신에게 필요한 일인지 아니면 당장 그만두어야 할 일인지 분명히 알게 될 것이다. 긍정은 그것을 가능하게 한다.

소박하게 생활할 것

하나를 가지면 둘을 가지고 싶고, 둘을 가지면 셋을 가지고 싶은 것이 인간의 욕심이다. 이런 욕심은 현대사회의 발전에 일조를 한 면도 분명히 있다. 소비자가 새로운 물건에 대한 욕심을 가지고 있지 않다면 기업이 만든 신제품은 팔리지 않을 것이기 때문이다. 최신 휴대폰, 최신 자동차 등을 구매하는 사람들은 그래서 경제를 살리는 숨은 원동력이기도 하다. 하지만 지나친 구매 욕구는 사람을 피폐하게 만든다. 소박함과 거리가 먼 생활을 하는 사람치고 행복한 사람은 드물다.

어떤 재벌가 부인의 이야기를 들어보자. 그녀는 늘 최고급 옷을 사 입고 최고의 보석들로 몸을 치장했다. 그녀의 사치는 재벌가의 다른 부인들에게도 소문이 자자했다.

"박 여사는 요즘도 고가품에 목숨 걸고 산다면서?"

"네, 그렇더라구요. 이태리 명품 중에서도 최고급 명품만 두르고 다니죠. 그런데 아세요?"

"뭘?"

"그 집, 회장님이 쉰 살이나 어린 계집이랑 바람이 났다는 거요."

"그랬어?"

사실 그랬다. 박 여사가 최고급 명품에 그렇게 집착한 이유는 다름 아닌 남편의 못 말리는 바람기 때문이었다. 그런 것들에 집착하지 않으면 미쳐버릴 것 같았기 때문이다. 그녀는 사치스럽게 살면서 지금 행복한가? 만일 그녀가 긍정적인 사람이라면 남편이 바람을 피우든 그 어떤 짓을 하든 언제나 소박하게 살았을 것이다. 사치품을 사들이고 그것들을 몸에 휘감는다고 해서 그녀의 헛헛한 마음이 채워지지 않는다는 것을 우리는 알 수 있다. 그녀에게 정작 필요한 건 남편의 사랑? 아니다. 자기 자신에 대한 자긍심 회복이다. 그리고 그러한 자긍심 회복의 첫 발판이 바로 소박한 생활이다.

사람이 소박하게 산다는 건 욕심을 내려놓는다는 의미다. 남편이 바람을 피우는 것에 분노하는 것도 어쩌면 무의미한 욕심에서 비롯된 것인지도 모른다. 만일 남편의 외도를 용납하지 않겠다는 신념이 있다면 당장 이혼을 하면 될 것이다. 하지만 박 여사는 그렇게 하지 않으면서 자신을 학대하고 있는 것이다. 남편과 이혼하지 않음으로써 자신의 자리를 보전하고 남편을 용서하지 않음으로써 자신의 욕심을 만족시키는 중인 것이다.

고급 외제차를 타고 최고급 이태리제 모피로 몸을 감싼다고 해서 그 사람이 우아해지는 건 아니다. 사람은 소박할 때 가장 우아하다. 자칫 과도한 사치는 경박해 보인다. 이것은 진실이다. 그대 곁에 번쩍이는 고가의 다이아몬드 반지를 자랑하는 어떤 친구가 있다고 한다면 그에게 그대는 정말로 존경심을 품을 수 있겠는가. 오히려 역효과가 날 것이 분명하다. 반면 소박한 삶을 사는 사람은 은근히 부러워진다.

자연에서 홀로 소박하게 살아가는 사람들을 소개하는 한 프로그램이 요즘 인기다. 사계절 아름다운 풍경을 자랑하는 산속에서 어떤 가전제품도 없이 맨몸으로 자연과 더불어 살아가는 사람들이 주인공으로 등장하는 프로그램이다. 그들에게는 많은 돈도 없다. 그들에게는 물론 강남에 아파트도 없고 자신 소유의 부동산도 없다. 그들에게는 명문대에 다니는 자녀들도 없다. 다만 자기 자신과 자연이 있을 뿐이다. 숲속의 산새가 친구요, 사계절 지천으로 핀 들꽃과 들풀이 이웃이다. 아침이면 안개가 부드럽게 맨살을 어루만져주고 밤이 되면 달빛이 외로운 마음을 토닥인다. 각박한 도시에서 출퇴근 전쟁에 시달리면서 살아가는 현대인들에게는 어쩌면 파라다이스 같은 곳에서 사는 사람들이 아닐까. 소박하게 사는 그들의 모습은 한 폭의 수채화처럼 아름답다. 그들에게서는 어떤 탐욕도 보이지 않기 때문이다. 그 프로그램에 소개되는 사람들은 한결같은 말을 한다.

"전 욕심을 버렸습니다. 지금 이 생활이 행복해요."

이 말이 의미하는 바는 무엇인가. 역으로 생각해보면 그들은 소박한 삶을 삶으로써 욕심을 버렸고 그러한 것이 바로 긍정적인 삶으로 연결된다는 진리를 보여준다. 긍정적인 사람은 욕심을 부리지 않는다. 그것이 물건이든 인간관계든 다 그렇다. 자신이 무엇인가에 집착하고 그것을 소유하고자 한다면 그것을 경계하라. 그 일을 계속한다면 분명히 불행해질 것이다. 그 이유는 명백하다. 우리가 무엇인가에 대한 소유욕을 불태우기 시작함과 동시에 우리 안에서는 인생에 대한 긍정적인 기운이 사라지기 때문이다. 지나친 욕심은 사치가 되고 그러한 사치는 바로 인성을 황폐화시키는 주범이 되는 것이다. 긍정적인 사람은 소박하게 살 줄 아는 사람이다.

밥 한 공기에 반찬 두어 가지만 있어도 만족할 줄 아는 사람이 긍정적인 사람이다. 한 달에 돈 100만 원을 벌어도 자신의 삶을 비하하지 않고 감사할 줄 아는 사람이 긍정적인 사람이다. 당장 끼니 걱정을 할 만큼 생활이 곤고해져도 이 정도로 사는 것도 고마운 일이라고 생각할 줄 아는 사람이 긍정적인 사람이다. 이러한 긍정적인 태도는 소박한 삶의 지름길이다. 소박한 삶을 살게 되면 그리 크게 성공하려고 발버둥치지 않아도 된다. 그로 인해서 주위의 사람들이 당장 밟고 일어서야 할 경쟁자들이 아니라 함께 살아가야 하는 동료들로 인식되게 된다. 타인에 대한 배려가 늘고 사랑이 늘어나게 되는 것이다.

소박하게 사는 걸 두려워하지 말라. 그것은 팽팽한 줄 위에서 그만 내려오는 것이다. 긴장을 풀고 평안한 상태로 들어서는 행위다. 그동안 얼마나 힘들게 살아왔는가. 남들 사는 만큼은 살아야지, 남들 하는 만큼은 하고 살아야지……. 그래서 분수에 맞지 않는 집을 사고 자동차를 사고 물건들을 사느라 수고스러웠을 것이다. 이젠 그런 것들에 대한 미련을 버려야 할 때다. 남들에게 잘 보이기 위한 삶은 집어치워야 할 시점이다. 자기 자신의 행복을 위한 인생을 살아라. 그 길은 바로 하루를 살더라도 소박하게 사는 것이다. 모든 욕심을 내려놓고 진정한 행복을 추구하는 것이 소박한 사람의 삶이다.

삶에 대해
겸허할 것

데뷔한 지 얼마 되지도 않았는데 하루아침에 자고 일어나니 벼락 스타가 된 남자가 있었다. 그가 주연한 드라마는 최고의 시청률을 기록했으며 인터넷에서 온갖 패러디를 양산했다. 그리고 한류 드라마로 수출되어 세계인들의 사랑을 받기에 이르렀다. 그가 하는 몸짓 하나에 대중은 열광했다. 그는 20대 초반의 젊은 나이에 일약 최고의 톱 배우로 자리잡게 된 것이다.

그러자 그는 매우 거만해지기 시작했다. 자신보다 연륜이 더 많은 원로배우 앞에서도 결코 고개를 숙이지 않았다. 팬들이 사인을 해달라고 하면 매정하게 뿌리치고 돌아섰다. 그는 삶이 자신에게 선물한 행운인 성공이 당연한 것인 줄 알았던 것이다. 그러자 주변 사람들이 그의 거만한 행실에 대해 성토하기 시작했다.

"A는 너무 거만해. 지가 잘나면 뭐가 그렇게 잘났다고 저리 설쳐대는 거야. 정말 맘에 안 든단 말이야."

"맞아, 어쩌다 좋은 작품 만나서 운 좋게 뜬 주제에. 지가 잘나서 뜬 줄 알고 저렇게 목에 힘주고 다니는 꼴이라니."

그런 A는 어떻게 되었을까. 자신의 성공에 교만하던 그는 점점 소외되기 시작했다. 건방진 태도의 그를 자신의 작품에 쓰고 싶어 하는 감독이 없었기 때문이다. 결국 그는 대중들의 기억 속에서 사라진 배우가 되고 말았다. 하지만 아직도 그는 왜 자신의 인기가 없어졌는지 전혀 모른다. 몇 년째 일 없이 놀고 있는 그는 혼자서 소주잔을 기울이며 이렇게 한탄 중이다.

"멍청한 감독들이 내 진가를 몰라보고 있어."

정말 감독들이 멍청한 것일까? 그는 자신의 부정적인 태도가 불러들인 불행을 타인의 잘못으로 돌리고 있는 중이다. 그런 태도를 계속 유지할 경우 그는 어떤 직업을 가져도 다시 불행해질 뿐이다. 그럼 그에게 권장해야 할 태도는 무엇인가. 바로 삶에 대한 겸허함을 가지는 것이다.

긍정적인 사람은 삶에 대해 겸허하다. 벼락 스타가 되는 행운이 찾아와도 자만하지 않는다. 늘 변하지 않고 겸손한 사람을 싫어할 사람은 없을 것이다. 오히려 잘나감에도 불구하고 자신을 낮추고 겸손한 사람을 보면 적극적으로 호감을 가지는 게 인간이다.

결국 삶에 대해 겸허하다는 뜻은 삶이 주는 온갖 상황들을 자만하거나 저항하지 않고 자연스럽게 포용한다는 의미이기도 하다. 어떤 일이 생기든지 자만하지 말고 저항하지 말라. 자만하고 저항할수록 삶은 피곤해질 뿐이다. 오히려 삶이 주는 문제들을 부드럽게 수용할 수 있는 태도를 길러라. 가슴을 활짝 열어 삶의 모든 것들을 껴안아라. 죽고 싶을 정도로 비관적인 일도 뛸 듯이 기뻐할 만한 일도 겸허한 마음으로 받아들여야 한다. 그대는 하늘과 땅, 그 모든 것들을 품는 우주와 같은 마음을 지녀야 한다. 그렇게 될 때 비로소 그대는 온전한 삶의 주인공이 될 것이다.

백혈병에 걸린 자식을 둔 50대 여인의 이야기다. 중학교 3학년이던 해에 교실에서 갑자기 쓰러진 그녀의 아들은 무려 10여 년 동안 투병 중이다. 내연녀가 있던 남편은 아들이 백혈병에 걸렸다는 소식을 듣고는 잠적한 채 아예 연락을 끊어버렸다. 그 후 여인은 아들을 홀로 돌보면서 온갖 궂은일을 다 하고 살았다. 빌딩 청소부, 식당 일, 파출부, 노점상 등 그녀가 안 해본 일이 없을 정도였다.

그녀는 삶 앞에 겸허했다. 자신의 삶이 비록 감당하기 어려울 만큼 힘들어도 겸허하게 수용했다. 여자와 바람나 병든 아들을 버리고 도망간 남편도 원망하지 않았다. 그저 묵묵히 자신에게 주어진 인생의 숙제를 해결해나갔다. 그녀는 어떻게 되었을까. 아직도 그녀의 아들은 투병 중이다. 하지만 그녀는 행복하다. 그녀의 사연을 알게 된 어느 방송국에서 그녀와 아들을 위해 치료비와 생활비를 지원해주었으며 이웃들도 그녀의 안타까운 사연에 많은 도움을 주고 있다. 그녀는 더 이상 불행하고 외로운 사람이 아니었다. 반면 병든 자식과 아내를 버리고 내연녀와 도망간 남편은 어떻게 되었을까. 그는 지금 거리에서 노숙자로 살고 있다. 돈이 떨어지자 내연녀는 그의 곁을 떠났고, 가정이 없어진 그는 마땅한 일자리도 찾지 못하고 술독에 빠져 산다. 그는 자신이 감당해야 할 일을 거부한 대가를 톡톡히 치르고 있는 것이다.

언뜻 보면 백혈병에 걸린 자식을 홀로 간호하고 살아가는 여인이 참 불쌍하다는 생각을 할 수도 있다. 하지만 그녀는 그녀 나름대로의 삶의 방식대로 살아가면서 소소한 행복을 얻고 있다. 타인이 볼 때는 그것이 불행이더라도 본인은 행복이라고 여기는 삶인 셈이다. 그 누구라도 행복한 삶을 살 이유가 있다. 다른 사람을 위해 쇼윈도에 진열된 마네킹 같은 삶을 사는 사람만큼 불행한 사람도 없다. 진실되게 산다는 건 그래서 중요하다. 그 진실되게 살아가는 방법이 바로 삶이 내게 주는 것들을 겸허하게 받아들이는 것이다. 설령 그것이 진심으로 피하고 싶은 불행이더라도 절대로 거부해서는 안 된다. 그것마저도 우리들의 인생임을 명심해야 한다. 행운 앞에서도 불행 앞에서도 자만하거나 저항하지 말고 겸허하게 수용하라.

인간적일 것

지나치게 사무적이고 딱딱한 자세를 보이는 사람을 보고 사람들은 말한다.

"저 사람은 인간미가 없단 말이야."

이렇게 인간미가 없는 사람은 사람들에게 부정적인 느낌을 가지게 한다. 왜 그들을 보고 사람들은 거부반응을 일으키는 걸까. 인간미를 지녔다는 건 인간애가 있다는 뜻이다. 즉 인간미를 지닌 사람에게서는 사람을 사랑하는 기운이 뿜어져 나온다는 말이다.

한 학교에서 교실에 놓인 화분을 두고 이런 실험을 했다. A교실에서는 학생들이 화분에 심긴 식물에게 매일 다정하게 말을 걸었다.

"넌 정말 사랑스럽고 예뻐!"

그러나 B교실에서는 학생들이 화분의 식물에게 아무런 관심도 보이지 않았다. 과연 B교실의 식물은 어떻게 되었을까? 그 누구의 관심도 받지 못했던 그 식물은 결국 누렇게 말라죽고 말았다. 그렇지만 늘 사랑한다고 예쁘다고 관심받고 칭찬받은 화분의 식물은 화려한 꽃을 피우고 열매까지 맺었다. 이것은 식물에게만 해당되는 사항일까? 사람도 마찬가지다. 관심과 사랑을 많이 받은 사람은 더 오래 건강하게 살 확률이 높다.

이런 사실은 평소에 인간관계가 원만한 사람이 그렇지 않은 사람보다 수명이 더 길다는 과학적 통계로 입증되었다. 그런 의미에서 인간미란 것은 사람을 끌어당기는 신비의 매력이 아닐 수 없다. 어떤 사람이 인간적인 면이 많다면 인간적인 면이 전혀 없는 사람에 비해서 훨씬 삶이 행복할 수 있음은 두말하면 잔소리가 될 것이다. 긍정적인 사람은 인간적인 생활태도를 지녔다. 왜 그럴까. 이유는 간단하다. 긍정적인 사람에게는 사랑의 에너지가 넘치기 때문이다.

그 사랑의 범위는 가히 무한대다. 긍정적인 사람의 사랑은 측량하기가 어려울 정도다. 매일 마주치는 길가의 작은 조형물조차도 긍정적인 사람에게는 사랑받아 마땅한 존재가 된다. 그래서 그것들에게도 하루의 안녕을 빌어준다. 그렇게 사랑이 많은 사람인데 사람에게는 얼마나 큰 사랑의 힘을 보여줄 수 있을지 짐작이 가지 않는가. 무생물조차도 진정으로 사랑할 줄 아는 사람은 살아 있는 존재에 대해서도 역시 사랑을 줄 수 있는 사람이다. 그러나 반대로 무생물이라고 해서 함부로 대하는 사람은 인간에게도 사랑을 제대로 베풀 수 없다. 일례로 자연을 함부로 훼손시킨 어느 수전노의 이야기가 있다.

그 지역에서 가장 소문난 부자였던 수전노 김씨는 자신의 소유인 뒷산을 깔아뭉개서 별장을 지었다. 그런데 그 뒷산이라는 것이, 오랫동안 마을 사람들에게 약수터와 등산로 등으로 사랑받아온 마을의 보물과 같은 곳이었다. 마을 사람들은 비록 그 뒷산이 김씨의 소유였지만 오랫동안 자연 그대로 보전되기를 바랐다. 그래서 김씨가 그 산을 파헤쳐서 별장을 짓겠다고 하자 완곡히 말렸다.

"자네는 다른 땅도 많지 않은가. 뒷산을 그냥 두면 안 되겠나. 동네 주민들에게 유일한 휴식처인데."

그러자 수전노는 화를 버럭 냈다.

"내 땅, 내 마음대로 하겠다는데 당신들이 무슨 상관이요!"

그렇게 해서 뒷산은 굴삭기에 의해 무참히 파헤쳐졌다. 수백 년 동안 사랑받아온 약수터며 등산로도 흔적 없이 사라지고 말았다. 수전노는 그곳에 으리으리한 별장을 지었다. 그렇게 수전노는 세상을 다

가진 듯 으스댔다.

그런 수전노에게 인간미가 있는가? 그대에게 묻는다면 그대는 어떻게 대답할 것인가. 아마도 그런 인간에게 인간미가 있다고 하느니 차라리 전봇대가 인간미를 지녔다고 해야 한다고 말할지도 모른다. 수전노에게는 인간미가 전혀 없었다. 그래서 인간적이지 않았고 사람들 역시도 그걸 느꼈다. 그 후로 동네 주민들은 수전노가 눈에 띄기라도 하면 못 볼 것을 본 듯 인상을 찌푸렸다. 인간애가 하나도 없는 사람에게는 어떤 사랑도 돌아가지 않는다. 자신이 뿌린 것이 없으니 받을 것도 없는 것이다.

그렇다면 우리들은 얼마나 인간적인가? 우리는 늘 스스로 반성해야 한다. 나 또한 나 자신이 얼마나 인간적인지 늘 되돌아본다. 어떨 때는 인간을 사랑하는 마음을 저 멀리 안드로메다에 두고 행동할 때도 있다. 나도 나약한 인간이기 때문이다. 하지만 긍정적인 마음으로 다시 태도를 바로잡는다. 인간을 사랑하는 인간애로 다른 사람들을 대하고자 각고의 노력을 하는 것이다. 그럴 때에 비로소 그동안 가려져 있던 상대방의 좋은 면, 긍정적인 면이 부각되어 보인다.

다른 사람이 미워 보인다면 그건 자신에게 인간애가 부족하다는 신호임을 기억해야 한다. 다른 사람이 원망스럽다면 그것 역시도 자신에게 인간미가 결핍된 상황이라는 위험신호다. 인간적인 사람이 되려면 항상 긍정적인 생활태도를 지니도록 힘써야 한다. 마을 사람들의 사랑을 받아온 뒷산을 파헤쳐서 자신만을 위한 별장을 짓고 웃는 괴팍한 수전노가 되어서는 안 된다. 자기 자신만의 이익을 위해서 살아가는 이기적인 사람이 되어서는 안 된다는 의미다. 우리에게는 인간적이어야 하는 마땅한 이유가 있다. 그건 우리가 인간애에 의해서 이 세상에 태어난 존재들이기 때문이다. 무조건적인 사랑으로 태어나 무조건적인 사랑으로 성장하지 않았는가. 이제 그런 무조건적이고 헌신적인 사랑을 누군가에게 되돌려줄 수 있는 존재가 되어야 한다.

본질을 탐구할 것

10월의 마지막 날, 오늘 날씨는 매우 궂다. 회색빛 하늘에 하루 종일 늦은 가을비가 내리고 있는 중이다.

늘 그랬듯이 슬픈 일은 사람의 마음을 가장 먼저 울린다. 60대 후반의 독거노인이 홀로 목을 매 생을 마감했다. 그의 집 안방의 탁자 위에는 현금 10만 원이 든 봉투와 편지가 발견되었다. 그 편지의 내용은 이러했다.

"나를 찾아주어 고맙소. 여기 돈 10만 원을 넣었으니 국밥이라도 하시오."

자신의 시신을 수습하러 온 사람들에 대한 고마움을 국밥 값 10만 원으로 보여준 것이다. 마지막까지도 다른 사람에게 피해를 끼치고 싶지 않았던 노인은 장례비인 듯 돈 100여만 원도 함께 남겨놓았다.

그는 3개월 전까지 어머니를 모시고 살았다. 막노동을 하면서 어머니를 부양해오다가 석 달 전에 어머니가 돌아가시자 일도 나가지 않고 홀로 생활해왔다고 했다. 그러다가 세 들어 살던 집이 팔려서 집에서 나가야 되는 처지가 되었던 것이다. 하지만 그는 정부의 지원으로 그 집에서 살았던 처지라 마땅히 갈 곳이 없었다. 그의 마지막 선택은 결국 영원히 집을 비워주지 않아도 되는 저 하늘의 집으로 이사하는 것이었다.

갈 곳 없는 어느 독거노인의 양심적이고 깨끗한 죽음으로 이 사건이 와닿는가. 일반적으로 그렇게 볼 수 있을 것이다. 대부분의 사람들은 그렇다. 다른 사람들에게 폐를 끼치지 않고 죽으려 했던 마음씨 착한 어느 독거노인의 쓸쓸한 죽음이라고 생각하고 다시 자신의 일상으로 돌아갈 것이다. 하지만 긍정적인 사람은 그렇지 않다. 긍정적인 삶의 태도를 지닌 사람은 본질을 탐구하는 능력이 있다. 이 능력의 발원지는 바로 큰 사랑이다. 큰 사랑을 가지고 사는 긍정적인 사람은 독거노인의 죽음에서 이 시대의 모든 노인들의 삶, 더 나아가 모든 인간의 외로움과 고독을 읽어낸다. 그리고 자기 자신의 미래에 대해서도 예측한다.

긍정적인 사람은 하나의 사건에서 수많은 다른 사건을 유추해낸다. 그리고 하나의 인간 성향에서 수많은 다른 인간의 성향까지도 파악하게 될 줄 안다. 그것은 위에서 말했듯이 큰 사랑의 힘이 발현하는 기적이다. 큰 사랑의 마음을 가지고 있기에 작고 사소한 일이 일어나도 본질을 파악하는 것이다. 그렇지만 반대로 부정적인 사람은 본질을 파악하지 못한다. 그렇기 때문에 사건이 일어나면 겉으로 드러난 것에만 초점을 맞추고 대응한다. 그럴수록 대응은 서툴기 마련이다.

말을 바꾸어서 생각해보면 부정적인 사람은 큰 사랑이 없기 때문에 본질을 읽을 수가 없는 것이다. 다시 말해 큰 사랑을 지닌 사람만이 긍정적인 사람이 될 수 있다는 말이다. 큰 사랑의 마음으로 상대방을 보면 본질이 보일 것이다. 겉으로 보여주는 것이 그의 전부가 아니라는 것을 명심하라. 큰 사랑의 마음을 가지고 사건을 들여다보길 바란다. 그렇게 할 때 비로소 사건의 본질이 훤히 보일 것이다. 하나의 사건에는 수십 개, 수백 개의 진실이 숨어 있는 법이다. 이 사실을 간과해서는 안 된다.

본질을 탐구한 사람에게는 어떤 일이 일어날까. 이것은 뜨거운 불에 손을 넣으면 어떤 느낌일지 상상하는 것과 같은 일이다. 실제로 불속에 손을 넣어보지 않은 사람이 불길의 뜨거운 촉감을 상상하는 것은 어렵다. 어렴풋이 짐작을 할지언정 정말로 그 느낌을 경험할 수는 없는 노릇이다. 마찬가지로 본질을 탐구해본 사람만이 본질을 탐구했을 때의 기분 좋은 변화와 느낌을 알 수 있다. 긍정의 마음, 큰 사랑의 마음으로 본질을 탐구하는 사람에게는 변화가 일어난다. 그것은 그 이전에는 미처 알 수 없었던 세상이 열리는 개벽과 같은 순간을 경험하는 기적이다. 마치 무언가로 머리를 한 대 세게 얻어맞은 것과 같은 일이 일어나는 것이다.

본질에 대한 탐구야말로 우리를 알에서 깨어나게 만드는 결정적인 계기가 되는 셈이다. 등산을 하다 보면 이런 사람 꼭 한 명쯤 만날 것이다. 바로 나무에 등을 치는 운동을 하는 사람이다. 그런 사람들이 한 둘이 아닌지 어떤 나무는 상태가 안 좋아 보이기까지 하다. 실제로 적지 않은 사람들이 그것이 상당한 마시지 효과와 운동 효과를 보리라고 생각하고 꾸준히 한다.

그런데 그 운동이 사실은 허리에 심각한 병을 불러올 수도 있다는 것을 아는가. 과도한 등치기는 척추 손상의 위험을 높인다. 긴 시간 동안 충격을 받은 뼈는 디스크까지 손상될 수 있다고 의료계에선 말한다. 단순히 허리를 자극해주면 좋겠지 하는 심정으로 소나무에 등을 치는 것은 무모한 일이다. 자신이 하는 행동이 어떻게 인체에 영향을 미칠지에 대한 탐구를 하지 않은 채 남들이 하니까 따라 하는 사람들만큼 어리석은 사람도 없다. 본질을 탐구하게 된다면 그대는 자신의 선택에 대한 후회를 줄일 수 있을 것이다. 왜냐하면 보다 더 정확하고 신중한 선택을 하게 될 것이기 때문이다.

"어머니, 나무에 등을 치는 운동은 위험하대요. 그만하세요. 뼈에 무리가 갈 수도 있고 모세혈관이 파열될 수도 있어요."

딸이 만류하는데 이렇게 고집하는 엄마라면 어떤가.

"남들 다 하는 데 뭐가 위험하다는 거냐. 난 시원하기만 하구만. 상관하지 마라. 내 맘대로 할 거다."

정말 답답한 일일 것이다. 눈에 보이는 대로, 귀에 들리는 대로 일차원적으로 세상을 파악하지 말자. 타인과 자신 그리고 모든 면에 대해 보다 면밀한 탐구를 해야 한다. 긍정적이고 큰 사랑의 마음을 가지고 더 심층적으로 세상을 분석하라. 비록 그 일이 조금은 힘들겠지만 우리의 삶을 더욱 기름지게 만들 일임은 분명하다.

변화를 두려워하지 않을 것

대기업을 다니고 은퇴한 70대 노인이 유명 카페에서 인기 바리스타가 되었다. 그는 상냥한 말솜씨와 세련된 서비스로 손님들로부터 인기를 얻었다. 그리고 매스컴에도 출연해 젊은 시절보다 더 인지도가 높아졌다. 그는 왜 그 나이에 바리스타를 선택하게 된 것일까. 경제적으로 곤란하지 않았지만 그는 무언가 자신의 인생에 변화가 필요하다고 느꼈다고 말한다.

"제 인생에 새로운 도전이 필요했습니다. 바리스타가 된 후로 제 삶은 더욱 행복해졌죠."

향긋한 원두커피를 내리고 손님들과 대화를 나누면서 그의 삶은 한층 풍요로워졌다. 일흔이라는 늦은 나이지만 그는 변화를 선택한 것이다. 사람들은 살면서 변화할 때가 옴을 직감한다. 변화해야만 할 때는 경제적인 이유일 수도 있고 상황적인 불가피성일 수도 있다.

예를 들어, 다니던 회사에서 일찍 퇴사했다면 경제적인 이유로 어쩔 수 없이 다른 회사를 알아봐야만 한다. 같은 직종이든 다른 직종이든 어찌 되었든 자신이 다니던 회사와는 다른 환경에 적응해야만 살아남는 것이다. 또 경제적인 이유가 아니어도 사람은 불가피한 상황 때문에 변화해야만 한다. 위에서 말한 70대 노인은 경제적으로 전혀 궁핍하지 않았지만 자신의 삶의 활력을 위해 변화를 선택했다. 어떤 주부는 다람쥐 쳇바퀴 같은 일상에 염증을 느껴 우울한 나날을 보내다가 요리사 자격증에 도전하기도 한다.

이렇듯 변화해야만 하는 상황은 모든 인간에게 주어지는 숙명과도 같다. 그렇다면 어떻게 변화에 대처해야만 할까. 긍정적인 사람은 변화를 두려워하지 않는다. 오히려 변화를 환영한다. 작은 환영이 아니라 두 팔 벌려 반갑게 변화를 맞이한다. 변화야말로 자신의 인생에 주어진 축복 중의 축복이라는 걸 알기 때문이다. 그러나 부정적인 사람은 변화를 두려워한다. 변화해야만 하는데도 변화를 극구 거부한다. 스스로 폐쇄적인 심리적 공간에 갇히는 것이다. 그렇게 되면 사회적 고립은 물론이거니와 정신적인 성장이 멈추게 된다. 그래서 변화에 대한 부정적 대응은 인간의 고립감을 심화시키는 원인이 되기도 한다.

우리는 누구나 변화를 맞이할 수밖에 없다. 누구도 갓난아이 때의 모습 그대로 일생을 사는 사람은 없지 않은가. 자연을 보면 변화란 것이 얼마나 소중하고도 필요한 것인지 깨닫게 된다. 만약 자연이 변하지 않고 1년 365일 내내 똑같다면 이 세상 모든 생명체는 다 죽고 말 것이다. 매순간 새롭게 변화하는 자연의 움직임으로 인해서 지구상의 생명체는 호흡할 수 있고 식욕을 충족시킬 수 있으며 종족을 번식시킬 수 있는 것이다. 변화가 사라진 자연이야말로 지구 종말의 순간이 아니겠는가. 사람도 마찬가지다. 변화를 멈춘 순간, 사람은 퇴화의 길을 걸을 수밖에 없다.

인간의 육체도 쓰지 않으면 퇴화한다. 초등학교 때 나는 친구들과 어울려 신나게 놀다가 오른쪽 다리뼈가 골절된 경험이 있다. 한 달 넘게 깁스를 하고 푼 순간, 나는 놀라지 않을 수 없었다.

"내 다리가 이상해!"

그도 그럴 것이 다리는 앙상하게 뼈만 남아 있었기 때문이다. 겨우 한 달을 쓰지 않았다고 다리는 퇴화되고 있었던 것이다.

머리도 마찬가지다. 뇌는 쓰지 않을수록 그 기능이 퇴화한다. 무엇을 쓴다는 건 매순간의 변화를 경험하는 일이다. 벽에 못을 박을 때조차도 그렇다. 매순간의 망치질은 다를 수밖에 없다. 첫 번째 망치질이 두 번째 망치질과 같을 경우는 거의 없다. 하지만 사람들은 그게 변화인지를 모른다. 밥을 먹는 것도 마찬가지다. 아침밥과 점심밥은 변화의 순간들이다. 완전히 같은 메뉴로 밥상을 차린다고 해도 그렇다. 겉으로 보기에는 똑같은 밥상 같지만 변화가 담긴 손길로 만들어진 음식인 것이다. 겨우 한 달을 쓰지 않았을 뿐인데도 앙상하게 말라버렸던 다리 역시도 역으로 생각해보면 변화의 또 다른 상징이기도 하다. 겉으로 보기에는 쓰지 않았기 때문에 그 상태가 그대로 유지되었을 것이라 여기지만 깁스 안에서 나의 다리는 서서히 변화하고 있었던 것이다.

모든 물질은 변화에 의해서 생존하고 있는 중이다. 우리는 자신에게 다가오는 거대한 변화의 물결을 수용해야 한다. 큰 병에 걸렸다거나, 사랑하는 사람과 작별하였다거나, 직업을 잃었다거나 하는 이 모든 반갑지 않은 변화의 순간들을 수용해야 한다. 그렇지 않는다면 변화에 저항한 대가를 톡톡히 치르게 될 것이다. 바뀌지 않는 것은 없다. 그 어떤 것도 그 모습 그대로 영원히 갈 수는 없다. 정체된 것은 썩고 고립된다. 그러므로 우리는 변화하는 것을 두려워해서는 안 된다.

가끔 나는 글을 쓰면서도 언젠가 내가 작가가 아닌 새로운 직업을 선택해야 한다면 어떤 일을 할 것인가를 생각한다. 이것은 인간에게 주어진 숙명과도 같은 변화를 미리 체험하는 일이다. 글을 쓰면서 살 수 없다면 난 무엇이든 할 생각이 있다. 물론 그렇다고 해서 글 쓰는 일을 아예 놓지는 않을 것이다. 생계가 어려워진다면 글을 쓰면서도 다른 직업을 병행하는 변화된 삶을 수용할 생각을 가지고 사는 것이다. 그대도 그렇게 생각하면서 살아야 한다. 지금 이 상태만 고집하면서 고립되거나 외로워질 필요는 없다.

변화될 상황에 대해서 부정적인 상상으로 미리 괴로워할 필요도 없다. 자신을 믿고 용기를 내어서 변화에 적극적으로 대처하는 사람이 돼라. 그렇게 한다면 어떤 순간에도 두렵지 않을 것이다. 극단적으로 말해서 당장 전쟁이 터지거나 최악의 바이러스에 감염된다고 해도 두려워하지 않게 될 것이다. 긍정적인 마인드로 변화를 수용할 자세를 갖춘 사람에게는 어떤 일도 더 이상의 두려움을 불러일으키지 못하기 때문이다.

공감의 달인이 될 것

한 가지 질문을 그대에게 하고 싶다. 누군가와 이야기를 할 때 언제 가장 행복했는가? 아마 상대가 자신의 말을 정말 재밌어 하고 진심으로 들어줄 때였을 것이다. 귀를 쫑긋하고 두 눈을 반짝이면서 자신을 바라보는 사람이 앞에 있다면 이야기를 하는 데 흥이 나게 되어 있다. 그런 상황이 되면 갑자기 말문이 트인 듯 잊고 있던 이야기도 생각나고 더 많은 이야기를 하게 되는 게 사람이다.

그와는 다르게 대화 도중에 가장 속상할 때는 아마도 상대방이 자신의 말을 건성으로 듣고 있을 때일 것이다. 나는 열심히 이야기하는데 상대방은 먼 산을 바라보고 있다면 얼마나 기분이 나쁘겠는가.

또한 듣는 것처럼 바라는 보고 있는데 영 내 이야기를 공감해주지 않는다면 그것도 그리 달가운 상황은 아닐 것이다. 그래서 사람과의 커뮤니케이션에서 공감은 아주 많은 비중을 차지한다. 공감하지 못하는 대화는 아무런 가치가 없는 대화다. 그건 대화가 아니라 한 사람의 넋두리에 불과할 뿐이다.

긍정적인 사람은 공감을 잘한다. 그리고 잘함을 넘어서 공감의 달인이 된다. 왜 긍정적인 사람은 공감을 잘하게 될까? 그 이유에 대해서 생각해본다면 그것은 긍정적인 사람은 상대방을 가감 없이 이해하기 때문이라고 할 수 있다. 상대가 거리의 부랑자든 유명 정치인이든 차별하지 않고 이해하면서 대화하기 때문이다. 반대로 부정적인 사람은 상대방에 대한 자신만의 벽을 세워두고 대화를 시작한다. 그래서 어떤 사람에 대해서는 그 사람의 말을 듣기 전부터 자신만의 결론을 내리고 무시한다. 그렇게 본다면 대화 중에 상대방의 이야기를 공감하지 못하는 사람은 상대방을 자신보다 낮은 존재라고 여기고 있는 것이다.

생각해보라. 누군가 그대를 자신보다 한참 덜떨어진 인간이라고 생각하면서 대화에 임하고 있다면 기분이 어떻겠는가. 정말 그 자리에서 뺨을 한 대 때려주고 일어나고 싶을 것이다. 하지만 그럴 수는 없는 노릇이다. 자신의 말을 무시하는 사람이라도 어쩔 수 없이 말을 해야 하는 경우가 대부분이다. 그렇지만 대화의 자리가 끝나고 집으로 돌아가는 길에 이런 생각이 들 것이다.

'다시는 저 인간하고 만나지 않겠어!'

'다시는 저 인간에게 나의 진심을 이야기하지 않겠어!'

이건 악의적인 분노가 아니다. 인간으로서 끓어오르는 본능적인 분노다. 공감하지 못하면 상대방에게 이런 분노를 불러일으킬 수가 있다는 것을 알아야 한다. 공감받지 못한 사람만큼 가여운 사람도 없지 않을까 싶다. 그가 가여운 이유는 부정적인 사람과의 대화에서 자신의 진심을 털어놓았기 때문이다. 긍정적인 사람이라면 공감하는 것은 당연한 일이다. 만일 자신과 대화한 상대방을 가여운 사람으로 만들고 싶다면 공감하지 않고 무시하면 된다. 그리하면 소중한 한 사람과의 인연이 끊어지게 될 수도 있을 것이다. 그리고 가여워지는 건 상대방이 아니라 자기 자신임을 서서히 깨닫게 될 것이다.

때로는 무지해서 공감을 하지 못하는 경우도 있다. 무시가 아닌 무지에 의한 공감의 부재라도 상대방에게 서운하기는 마찬가지다. 그러므로 자신이 무지해서 공감이 얼마나 중요한 것인지 몰랐다면 지금부터라도 공감의 필요성을 인식해야 한다. 공감하는 건 사람을 살리는 기술이다.

어느 30대 주부가 남편이 자신을 공감해주지 않아서 괴로워한다.

"우리 남편은 내 말을 귀담아듣지 않아. 내가 지금 얼마나 힘들게 살고 있는지 말을 해도 공감해주질 않아. 늘 자신의 불평만 늘어놓지. 내가 회사 다니고 집안일 하고 애들 보느라 정말 허리가 휠 지경인데 나 몰라라 해. 요즘 같아선 어디론가 훌쩍 떠나버리고 싶어져."

이 말을 들은 남자 동창도 마찬가지로 불만을 표출한다.

"너만 그런 게 아니야. 우리 집사람은 내 말을 아예 들으려고 하지도 않아. 난 집에 가면 꿔다놓은 보릿자루 신세보다도 못해. 월급은 와이프가 당연하다는 듯 다 가져가고 난 머슴처럼 일만 하지. 아이들도 머리통이 컸다고 이젠 날 거들떠도 안 봐. 그 사람이 내 이야기를 건성으로 듣고 매번 날 무시하니까 애들도 따라 한다고. 나도 다 때려치우고 바람처럼 소리 없이 사라지고 싶은 때가 많아."

이 두 사람의 하소연이 비단 이 두 사람만의 이야기일까? 아마 대한민국의 수많은 부부들의 애로사항 중 하나일 것이다. 자신의 말을 공감해주지 않는 아내를 둔 남편은 불행한 사람이다. 물론 자신의 말을 공감해주지 않는 남편을 둔 아내도 불행한 사람이다. 부부는 서로의 말을 공감해주어야 할 의무가 있다. 왜냐하면 두 사람은 한 가정의 출발점이기 때문이다. 결혼이라는 공식적인 제도를 통해서 법적으로 부부가 된 두 사람이 서로를 공감하지 않는다면 도대체 누가 그들을 공감해주겠는가.

집에서 대접받지 못하는 사람은 밖에 나가서도 찬밥 신세가 될 뿐이다. 아내에게 천대받는 남편이 회사에 나가서 기를 펴고 일할 수 있을 것 같은가? 천만의 말씀이다. 남편에게 천대받는 아내도 친구들을 만나도 친정에 가도 절대로 기를 필 수가 없다. 자신이 말을 안 해도 부부간에 문제가 생기면 외적으로 그 기운이 표출되기 때문이다.

다른 사람의 개성을 가감 없이 받아들여라. 그것이 긍정이다. 그런 긍정이야말로 소통의 기본이 되고 공감의 발원지가 된다. 성격이 모난 사람도 성격이 유순한 사람도 다 공감받기를 원한다. 인간은 누군가 자신의 말을 귀담아들어줄 때 가장 편안해진다. 그리고 더 나아가 자신의 이야기에 깊은 공감을 보여줄 때 최고의 행복을 느끼게 된다. 가장 유능한 정신과 의사는 어떤 의사일까. 바로 환자의 하소연을 가장 재밌게 들어주는 사람이다. 환자가 울면 같이 눈물을 흘리며 울어주고 환자가 웃으면 박장대소하며 같이 웃어주는 의사가 가장 유능한 의사다. 정신의 병은 공감으로써 거의 절반은 치유된다고도 볼 수 있다.

삶은 유한하다는 사실을 늘 유념할 것

모든 존재의 마침표라고 여겨지는 것이 죽음이다. 이 죽음은 언제 어느 때 우리에게 찾아올지 모르는 불청객이다. 이 사실은 너무나 명백한 진리다. 모 중견 탤런트는 병원에서 사소한 수술을 받은 것이 잘못되어서 전혀 예감하지 못한 죽음을 맞이했다. 팝 역사상 최고의 인기를 누렸던 어느 가수도 의사의 어이없는 실수로 젊은 나이에 세상을 떠나고 말았다.

지금 현재도 수많은 이들이 죽음을 맞이하고 있다. 어떤 이는 불의의 교통사고로, 어떤 이는 불치의 병으로, 어떤 이는 자살로 삶을 마감한다. 그 죽음들은 하나같이 슬프다. 어느 죽음 하나 슬프지 않은 것이 없다. 산다는 것과 죽는다는 것이 백지 한 장 차이라는 것은 인생을 조금만 살다 보면 누구나 깨닫게 되는 일이다.

내 지인 중 한 명은 술을 먹고 오토바이를 타고 가다가 20대 초반에 세상을 떠났다. 벌써 수십 년의 세월이 흘렀다. 지금쯤 살아 있다면 이 사회의 중요한 구성원이 되었을 것인데 생각해보면 안타깝기 그지없다. 그는 숨지기 며칠 전에 우리 집에 놀러왔었다. 밝게 미소 짓던 모습을 나는 아직도 잊을 수 없다.

"다음에 또 놀러와."

"응, 그래."

웃으며 그렇게 말한 것이 마지막 인사였다.

살면서 내가 알던 사람들이 죽음으로 인해 내 곁을 떠난다는 것만큼 서글픈 일은 없다. 가깝게는 부모님, 친척, 친구, 지인 등 아는 사람들이 그렇게 세상과 작별하는 날, 우리들은 다시금 인생의 유한성을 깨닫는다. 허망한 마음으로 의미 없이 살아온 날들이나 생각 없이 살아온 날들을 반성한다. 그러나 거기서 그만인 사람들이 많다. 그런 생각을 오래 하는 사람은 별로 없다. 다시 일상의 수레바퀴를 굴리느라 삶의 유한성에 대한 사색을 잊는다.

긍정적인 사람은 유한한 삶에 대해 늘 유념한다. 그래서 어떤 일도 허투루 여기지 않는다. 유한한 삶에 찾아온 모든 일들을 의미 있게 여기는 것이다. 사람이 천년만년 죽지 않고 살 수 있다면 어떨까? 그랬더라면 아마 지금 존재하는 위대한 예술작품은 탄생하지 않았을지도 모른다. 위대한 예술혼이란 유한한 삶을 깨달은 긍정적인 예술가에 의해 만들어지기 때문이다. 고갱은 자신의 귀를 자르면서 예술혼을 불살랐고 베토벤은 귀가 들리지 않아도 작곡했다. 그들이 삶의 유한성에 유념하지 않았다면 그처럼 치열한 예술가의 길을 걷지는 않았을 것이다.

사람이 불사의 존재라면 천년만년 살 것이므로 오늘 아니면 내일 그림을 그려도 상관없을 것이고, 오늘 아니면 그다음 날 음악을 작곡하면 그만일 것이다. 하지만 한 치 앞을 알 수 없는 유한한 삶이기 때문에 그들은 귀를 자르는 고통을 견디면서, 청력을 잃어버린 어려운 상황 속에서도 예술혼을 불살랐던 것이다. 어디 예술가뿐인가. 유한한 삶에 대한 자각은 인간을 비로소 인간답게 만든다. 부모에 대한 효도나 자녀에 대한 지극한 사랑 역시도 유한한 삶에 대한 자각과 깨달음에서 더욱 깊어지는 법이다.

유한한 삶에 대한 자각을 하지 못하는 사람은 인생을 수렁에 빠뜨린다. 인생의 소중함을 모르기 때문에 자신의 삶을 방치한다. 또한 타인의 삶에 대한 경외심도 없기 때문에 다른 이들에게 해를 끼치는 행동을 자연스럽게 한다. 어릴 적 우리 동네에는 술주정뱅이 아저씨가 있었다. 그 사람은 매일 밤마다 술을 먹고 동네를 돌아다니면서 행패를 부리곤 했다. 그에게 삶이란 영원한 것이라고 여겨졌던 모양이다. 어린 나도 인생이 유한하다는 사실을 깨닫고 하루하루가 아까웠는데 오십이 넘은 그는 자신의 삶을 하수구에 버리고 있었던 것이다.

"야! 술 사오란 말이야!"

그렇게 아내에게 소리를 내지르던 그는 결국 술로 인한 간경화로 오십 중반에 숨지고 말았다. 영원할 것만 같던 술주정뱅이의 삶도 마침표를 찍은 것이다. 그는 죽기 전에 자신의 삶에 대해 무슨 생각을 했을까? 아무도 그의 속마음을 알 수는 없다. 하지만 우리는 어렵지 않게 유추할 수 있다. 그가 분명히 자신의 과거를 후회했을 것이라는 사실을 말이다.

"이렇게 될 줄 알았다면 술도 그만 마시고 성실하게 살걸 그랬어."

그는 마지막으로 이렇게 되뇌었을 것이다. 조금은 싫겠지만 오늘 밤 잠자리에 들어서 다시 못 깨어날 수도 있다는 가정을 하라. 그렇게 생각하면 지금 이 찰나의 순간이 얼마나 소중한 것인지 온몸으로 느낄 수 있다. 긍정적인 사람은 인생의 유한함을 마냥 슬퍼하고만 있지 않는다. 삶의 유한함이 오히려 긍정적인 사람을 더 자극한다. 끝이 있기 때문에 더욱 전력질주하는 것이다. 꿈에 대해서도 사랑에 대해서도 인간에 대해서도 유한한 삶이라는 사실을 유념하는 사람은 최선을 다 한다. 그래서 최고의 결과를 이끌어내는 확률도 더 높은 것이다.

성공한 사람의 대부분은 긍정적이다. 또한 그들은 유한한 삶에 대한 각성을 늘 하고 있다. 자신이 죽음에 이르는 순간, 후회하지 않을 삶을 살기 위하여 노력하는 것이 그들의 태도다. 따라서 그대가 성공하고 싶고 행복하고 싶다면 반드시 삶에 대한 유한성을 유념해야만 한다.

'오늘'이어서 즐거워할 것

이스라엘과 팔레스타인의 분쟁으로 지금까지 수천 명이 숨지고 수십만 명의 난민이 발생했다. 젊은 청년들이 서로의 가슴에 총구를 겨누고 민간인들은 언제 총알이 자신을 향해 날아올지 모르는 불안한 삶을 살고 있는 것이다. 중동의 평화는 현재로서는 요원해 보인다. 서로가 한 치의 양보도 없이 대립하고 있기 때문이다.

전쟁이 나면 그 피해는 고스란히 선량한 민간인들의 몫이다. 우리나라도 1950년 6·25전쟁을 겪었다. 이 글을 읽는 대부분의 분들은 그 시절을 직접 경험하지는 못했을 것이지만 부모님으로부터 혹은 조부모님이나 역사책을 통해 전쟁의 폐해를 익히 들었을 것이다. 피난살이의 설움은 둘째치고라도 혈육이 눈앞에서 죽어가는 것을 봐야 하는 고통을 겪는 것이 전쟁이다. 평상시 같으면 너무나 당연하게 누리던 맑은 공기, 깨끗한 물, 고요한 휴식 등 그 모든 것들이 전쟁 중에는 얻기 어려운 것들이 되고 만다. 그리고 요즘 전쟁은 최첨단 무기들이 동원되니만큼 피난 갈 시간도 없이 죽음을 맞이할 수밖에 없다. 만일 지금 당장 전쟁이 난다면 어떨까?

그토록 지겹던 학교가, 그토록 가기 싫던 직장이, 그토록 꼴 보기가 싫었던 어떤 사람이 이젠 사무치게 그립고 보고픈 존재가 될 것이다. 지금의 평화에 대해 감사할 줄 모르는 사람은 오늘을 행복하게 보낼 수 없다. 그대가 사는 곳이 이스라엘과 팔레스타인의 분쟁지역이 아닌 것에 감사해야 한다. 혹시라도 그곳에 있는 독자가 이 책을 읽는다면 자신이 분쟁지역에 있음을 원망할 것이 아니라 기적처럼 지금 살아 있음에 감사해야 한다. 감사하는 사람은 오늘을 즐겁게 보낼 수 있다.

오늘의 고마움을 어찌 말로 다 표현할 수 있겠는가. 나는 날마다 오늘이어서 참 좋다. 내 카톡 프로필의 주요 단골 메시지는 '지금 이 순간에 존재할 것'이라는 문구다. 나는 이 문구를 쓰면서 스스로에게 최면을 거는 것이다. 오늘에 만족하고 오늘을 즐기자. 이런 다짐은 하루를 행복하게 만든다. 오늘의 아침이 좋고 오늘의 햇살이 좋고 오늘의 바람이 좋다. 어제의 아침, 어제의 햇살, 어제의 바람은 이미 과거의 것이다. 내일의 아침, 내일의 햇살, 내일의 바람 역시 아직 다가오지 않은 허상일 뿐이다. 지금 현재의 것에 집중하라. '오늘'이란 지점에 자신을 온전하게 머무르게 하라. 그렇게 사는 사람이 긍정적인 사람이다.

어떤 사람은 '오늘'이라는 시간을 낭비하는 것에서 더 나아가 최악의 시간으로 만드는 사람들도 있다. 그런 사람의 공통점은 무엇일까. 바로 부정적이라는 것이다. 매사에 불평불만을 하기 때문에 현재에 만족하지 못하는 것이다. 지인의 아들은 서른이 훌쩍 넘었는데도 아직 백수생활을 하고 있다. 그는 항상 부모를 원망한다.

"어머니 아버지가 저한테 해준 게 뭡니까? 다른 친구들은 부모님이 사업자금도 대주고 집도 사주고 그러는데. 낳아만 주면 부모예요?"

이런 식으로 부모에게 막말을 서슴지 않는다. 그런데 그의 부모는 해줄 만큼 해준 사람들이다. 아파트 경비원으로 과로에 시달리면서도 아버지는 아들을 위해 수십 년을 일했다. 어머니는 관절염과 당뇨에 걸려 몸이 아프지만 지금도 파출부 일을 하면서 아들 뒷바라지를 한다. 항상 아들을 먼저 생각해서 본인들의 옷보다는 아들의 옷을 사고 본인들 먹을거리보다는 아들 먹을 것을 더 챙기는 부모인 것이다. 이런 부모에게 감사하지 못하는 부정적인 아들은 서른이 넘어서도 자신의 일을 가지지도 않은 채 부모에게 얹혀살고 있다. 그러면서도 오늘도 투덜대고 있다.

"내가 부잣집에서 태어났다면 이렇게는 안 살지!"

이 말은 정말 어이없는 말이다. 그는 부잣집에서 태어났어도 그렇게 살 사람이다. '오늘'을 사랑하는 법을 모르는 사람이기 때문이다. 다시 말해 긍정적으로 현재를 살아가지 못하는 사람이기 때문에 아무리 부잣집에서 태어났다 해도 행복한 삶을 영위할 수 없다는 뜻이다. 내가 가진 것들을 감사할 줄 아는 것이 '오늘'을 즐겁게 사는 법이다. 내가 가지지 못한 것에 집중하면 인간은 한없이 초라한 존재가 될 뿐이다. 내게 없는 것에 연연하는 것만큼 스스로를 불쌍하게 만드는 것도 없다. 자신에게 주어진 것들을 기꺼이 받아들고서 오늘을 산다면 기쁨은 늘 넘칠 것이다. 내가 가진 것으로 최선의 것을 창조해내는 사람이 돼라. 다른 사람이 가진 것을 부러워하지 말라. 사람이라면 누구에게나 주어진 것이 '오늘'이다.

이 시간을 즐거워하는 사람이 된다는 건 일생을 즐겁게 살아갈 수 있는 기술을 습득하는 것이다. 어제 괴로웠어도 오늘 그대는 행복한 사람이다. 내일 무슨 일이 일어날지 모르지만 오늘 그대는 행복한 사람이다. 이 점을 기억하라. 우리는 오늘 행복하게 지내야 하는 존재들이다. 내일을 위해 오늘을 가련하게 살 필요는 없다. 내일 잘 먹고 잘 살겠다고 일부러 오늘 굶주리지 마라. 오늘이란 시간을 잘 살아내지 않는다면 내일은 어쩌면 영원히 오지 않을 신기루일지도 모른다. 우울증 환자는 오늘 불행하기 때문에 항상 불행하다고 느끼는 중이다. 그들이 완치되기 위해서는 반드시 오늘을 즐겁게 보내는 연습을 해야만 한다.

오늘을 즐겁게 살기 위해서는 위에서 말했듯이 자신에게 있는 것들을 감사하면서 내 안의 재능으로 세상에 당당하게 나가는 것이다. 그대 안에 잠재된 숨은 능력을 일깨워라. 그러면 오늘이 정말 미치도록 즐거울 것이다. 그대가 그림 그리는 걸 좋아한다면 오늘 당장 그림을 그려라. 그대가 글을 쓸 때 즐겁다면 오늘 당장 글을 써라. 그대가 식물을 돌볼 때 행복하다면 오늘 당장 식물을 돌봐라. 내일이 아니다. 오늘 그림을 그리고, 오늘 글을 쓰고, 오늘 식물을 돌봐야 한다. 그대가 춤추는 걸 좋아한다면 오늘 그 춤을 추어라. 오늘 가장 행복한 사람이 되는 것이 삶의 제1 목표가 되어야 한다.

상대를 내 편의대로 판단하지 않을 것

관계를 파국으로 몰아넣는 주범인 오해는 상대방에 대한 잘못된 생각에서 비롯된다. 두 사람이 있다고 하자. 그런데 한 사람이 다른 한 사람의 행실에 대해서 자신의 편의대로 판단해버렸다. 그는 항간에 떠돌고 있는 상대방에 대한 안 좋은 소문이 진실이라고 믿기로 한 것이다. 그것은 순전히 자신의 편의를 더 배려한 것이었다. 그는 단 한 번도 그 소문이 진실인지 거짓인지 알아보려는 노력조차 하지 않았다. 왜냐하면 그런 일에 시간을 내는 자체가 귀찮았기 때문이다. 그는 사실 여부보다는 자신의 편리에 의해 상대방을 판단하는 걸 선택했다. 며칠 후, 그는 소문의 당사자를 만나게 되었다. 그는 자신의 편의대로 상대방을 규정한 채 이렇게 말했다.

"네가 그런 나쁜 짓을 저지르고 다니다니 참 실망이다."

그가 이렇게 말하자 상대방은 어처구니없다는 표정을 지었다.

"그건 오해야. 네 마음대로 생각하지 마. 난 그런 짓 저지른 적 없으니까."

사람을 괴롭히는 건 때로는 사소한 것들이다. 인간관계의 사소한 어긋남이 인생 전체를 괴롭게 만드는 요인이 되기도 한다. 그렇기 때문에 우리는 더욱더 긍정적인 사람으로 거듭나야 하는 것이다. 긍정은 일생을 두고 추구해야 할 가치다. 하루 정도 긍정하고 산다고 해서 긍정적인 인간이 되는 것이 아니다. 한 달을 긍정적으로 살았다고 해서 그가 긍정적인 인간이라고 예단해서도 안 된다.

평생을 긍정적으로 살아야만 사람은 긍정적인 인간이라는 위대한 타이틀을 획득하게 되는 것이다. 물론 지난 시절 동안 부정적으로 살아왔더라도 이제 나머지 인생을 긍정적으로 산다면 얼마든지 긍정적 인간이 될 수 있다. 그러니 지금이라도 희망을 버리지 말고 자신의 생활태도를 점검해야 하는 것이다. 긍정적인 사람은 상대방을 자신의 편의대로 판단하는 오류를 범하지 않는다.

다른 사람이 자신을 제멋대로 판단해서 속상했던 적이 있었을 것이다. 그것은 정말 어이없는 일이다. 나는 그런 사람이 아닌데 상대는 나를 아주 나쁜 인간으로 보고 있다면 얼마나 께름칙한 일인가. 그리고 얼마나 억울한 일인가. 자신이 그런 대접을 받고 싶지 않다면 당연히 다른 사람도 그런 식으로 대해서는 안 되는 일이다. 자신의 편의대로 상대방을 판단하고 사는 사람은 참으로 답답한 인생을 사는 사람이다. 왜 답답한가. 그것은 자신의 이해력을 자만하는 태도로 살고 있기 때문이다. 자신이야말로 모든 것들을 완벽하게 이해하는 존재라는 자만심이 있기 때문에 다른 사람을 자신의 편의대로 판단해버린다. 그런 후 그 판단은 확대 재생산되어 근거 없는 믿음이 된다. 더 나아가 그 믿음은 인생 전체를 좌지우지하게 되는 잘못된 신념이 될 수도 있다.

우리는 잘못된 믿음으로 행복했던 가정을 파괴한 어느 부부의 이야기에 주목할 필요가 있다. 그들은 어떤 여인의 말에 현혹되어서 자신의 친자식 세 명을 매일 때리고 굶겼다. 심지어 심각한 병에 걸렸는데도 병원에 데려가지 않았다. 그들의 믿음은 전혀 객관적이지 않았다. 심지어 도덕적이지도 않았다. 전면적으로 비윤리적이었다.

그들은 자신의 편의대로 상대방(자신들을 조정한 여인)을 판단했다. 때로는 다른 사람을 비정상적으로 좋게 보는 경우도 판단의 오류에 속한다. 그들이 거의 신적으로 숭배했던 여인의 정체는 알고 보니 돈을 노린 악랄한 사기꾼이었다. 그것을 모른 채 자식들을 학대해서 죽이기까지 한 부부의 이야기는 실화다. 어떻게 그런 사람들이 있을 수 있냐고? 그런 사람이 있을 수 있다는 건 누구나 판단의 오류를 범할 가능성을 지니고 있다는 증거가 된다.

상대를 자신의 편의대로 판단하지 말라. 그것은 지극히 비정상적인 사고다. 만일 어떤 이가 사람들을 자신의 편의대로 판단해버리는 일을 즐긴다면 그는 정상적인 인간관계를 맺기가 어려울 것이다. 그 까닭은 단순하다. 제멋대로 다른 사람을 판단하는 사람은 긍정적인 인간이 아니기 때문이다. 그런 사람은 부정적이고 몰상식한 사람이다. 긍정적인 사람은 절대로 다른 사람을 자신의 편의대로 판단하고 행동하지 않는다. 그런 행동은 결코 옳지 않은 것이라는 걸 누구보다 더 잘 알고 있기 때문이다.

그렇다면 어떻게 판단하란 말인가? 여기에 합당한 대답은 긍정이다. 긍정적인 사람의 입장에서 상대방을 판단하는 사람은 조금 불편하더라도 합리적이고 객관적인 사실에 입각해서 상대방을 판단한다. 그리고 그 판단이 선입견이 되지 않도록 조심한다. 또한 사람이라는 존재는 언제든 변할 수 있는 가변적인 존재라는 전제하에서 어떤 단정을 짓지 않는다. 예컨대 이런 것들이다.

"저 사람은 거짓말쟁이야."

"저 사람은 음흉하고 기분 나쁜 사람이야."

"저 사람은 완벽한 인간이야."

섣부른 단정을 짓지 말라. 부정적인 단정이든 지나치게 극단적인 단정이든 모두 권장하고 싶지 않은 것들이다. 긍정적인 사람이라면 상대방에 대해서 절반의 판단만 하고 절반은 여지를 남겨둘 줄 안다. 그래서 아무리 나쁜 짓을 저지른 사람이라도 용서받을 수 있는 가능성을 열어두는 것이다. 그렇게 함으로써 인간관계의 단절을 피할 수 있는 것은 당연한 이치다.

귀찮고 번거롭다고 다른 사람을 쉽게 '어떤 인간'이라고 낙인을 찍지 말라. 그렇게 하는 순간 그대 자신도 누군가에게 '그저 그런 인간'으로 낙인찍힐 것이다. 사람을 알아가는 데는 시간이 필요하다. 서두르다 보면 무엇이든 실수를 하게 된다. 어떤 사람의 첫인상이 무진장 좋았다고 해서 그 사람이 완전히 착한 사람이라고 믿는 것도 위험하다. 반대로 어떤 사람의 첫인상이 무척 나빴다고 해서 그 사람을 도둑놈 취급하는 것도 위험하다. 상대방에 대한 섣부른 평가만큼 사고의 폭을 좁히는 일도 드물다.

기회를 직접 만들 것

많은 이들이 자주 들어서 알고 있는 말이 있다. "인생에 세 번의 기회는 반드시 온다." 이 말이 속담인지 명언인지 밝혀진 바는 없지만 입버릇처럼 사람들의 입에 오르내리는 말이다. 그런데 이 말은 사실 조금 바람직하지 않은 면이 있다. 왜 그럴까? 그건 지극히 수동적인 면에서 바라본 기회이기 때문이다. 능동적인 사람은 이 말을 조금 다른 말로 바꿔 할 줄 안다.

"인생의 기회는 자신이 만들기 나름이다."

나는 이 말을 여러분에게 해주고 싶다. 기회란 가만히 앉아서 기다린다고 오는 것이 아니다. 혹시라도 그럴 수도 있을 것이다. 하지만 그렇게 맞이한 기회는 준비되지 않은 채 맞이할 것이므로 별다른 소득 없이 끝나기 십상이다.

K는 부자가 되기를 바라면서 살았다. 나도 언제쯤이면 다른 사람처럼 돈도 많이 벌고 명성도 얻을까 하는 한탄을 하곤 했다. 그녀는 서른 중반의 나이였지만 대학을 졸업하고 10년 째 중소기업에 다니고 있었다. 직장에서는 별 존재감 없이 마치 하나의 기계 부속품 같은 일상을 살고 있었다. 아직 애인도 없고 모아놓은 돈도 없었다. 그런 그녀에게 갑자기 기회가 왔다. 친구들과 함께 응모한 대기업의 공모전에서 당선된 것이다. 사실 그 공모전 준비는 다른 친구들이 거의 했고 그녀는 단지 의리상 참여한 것뿐이었다. 그런 그녀에게 공모전 당선은 기회였지만 별로 의미가 없는 기회가 되고 말았다. 왜냐하면 자신이 만든 기회가 아니었기 때문이다. K는 내게 말했다.

"제가 그때 더 성의껏 준비했더라면 기회를 놓치지 않았을 텐데. 많이 아쉬워요."

공모전을 위해 노력을 아끼지 않은 그녀의 친구들은 모두 바라던 회사로 이직했다. 하지만 K는 그럴 수가 없었다. 그녀에게는 밑천이 없었기 때문이다. 장사를 하려고 해도 밑천이 있어야 하는 법이다. 종자돈이나 능력이 있어야 한다는 말이다. 빵장사를 하겠다는 사람이 밀가루 살 돈이 없거나 빵 만들 기술이 없다면 어떻게 되겠는가. 자신이 무언가를 이루고 싶다면 충분한 능력을 개발해야만 한다. 그리고 빵가게를 누군가가 내어줄 것을 기다릴 것이 아니라 스스로 빵가게를 열어야만 한다. 그것은 당연한 사실이다.

모든 열매는 노력과 인내의 시간과 충분한 시련의 시기를 거쳐야 열리는 법이다. 인생의 좋은 기회란 것도 일정한 노력의 시기가 반드시 필요한 것이다. 기회를 잡기 위한 사람이라면 자신만의 밑천이 있어야 한다. 쉽게 말해서 자신만의 고유한 능력을 키워놓아야 한다는 뜻이다.

멋진 갈퀴를 휘날리며 위세를 뽐내는 사자도 먹이를 사냥해야 생존할 수 있다. 힘들지만 제 발로 직접 뛰어서 잽싸게 도망치는 동물들을 잡는 행위 없이 먹이를 얻을 수는 없다. 그런 사자가 있다면 이미 병이 깊은 사자이거나 죽은 사자일 것이다. 사냥을 포기한 사자에게 남은 건 오직 죽음뿐이다. 인간에게 기회란 것은 먹이다. 그걸 잘 붙들고 자신의 것으로 만든 자만이 행복하고 성공한 삶을 살 수 있는 법이다.

이 세상에 능력도 없으면서 기회를 얻어서 성공하는 사람은 없다. 자신이 그럴 만한 사람이 될 때라야 기회도 성공의 길로 안내하기 때문이다. 또한 타인에게 기대어서 무언가를 성취하려고 하는 것은 참으로 답답한 일이다. 인간은 자기 자신의 삶을 감당하기도 벅찬 존재들이다. 이 점을 늘 기억하고 자신의 일은 자신이 최대한 스스로 처리한다는 개념을 가져라. 긍정의 마음을 가지고 기회를 스스로의 힘으로 얻겠다는 자세로 임한다면 그대는 원하는 기회를 얻고 반드시 성공할 것이다.

불안감을 신속하게 버릴 것

학교에서 며칠 전 기말고사 시험을 망친 아이가 집으로 날아온 성적표를 본 아빠한테 혼날 생각에 불안해한다. 그 아이는 오늘 저녁밥을 맛있게 먹을 수 있을까? 요즘 들어 부쩍 외박이 잦아진 남편 때문에 최 여사는 남편이 바람을 피우는 건 아닐까 하는 생각에 불안해한다. 최 여사는 집안일이 손에 잡힐까? 회사에 나가면 상사가 이유도 없이 자신만 괴롭히는 것 같아서 오늘도 회사 나가는 일이 불안한 오양, 오양은 회사에서 오늘 제대로 자신의 능력을 발휘하며 일할 수 있을까? 불안감을 지닌 아이나 어른이나 누구에게나 공통적으로 적용되는 원칙은 그 상태로는 절대로 제대로 된 하루를 보낼 수 없다는 것이다.

사람이 불안해진다는 건 미래에 대한 긍정적 기대가 사라졌다는 의미다. 다가올 미래에 긍정적인 일이 생기지 않고 부정적인 일이 생길 것 같다는 생각이 바로 불안이다.

이 불안감을 안고 사는 사람은 언제나 위태로울 수밖에 없다. 밥을 먹어도 친구를 만나도 텔레비전을 봐도 일을 해도 늘 바람 앞의 촛불처럼 위태롭다. 불안한 상태의 인간은 현재를 미래의 부정적 기운에게 모두 헌납한 상태이기 때문이다. 그래서 현재 밥을 먹어도 밥맛이 제대로 느껴지지 않는 것이고 현재 친구를 만나도 친구의 이야기가 전혀 귀에 들어오지 않는 것이다. 정신은 오직 불안한 미래의 어떤 상황에만 매어 있기 때문에 정작 잘 살아내야 하는 현재를 망친다.

긍정적인 사람이라면 불안감을 신속하게 버릴 줄 안다. 그것이 긍정의 엄청난 혜택이기도 하다. 지금 이 순간, 긍정적인 사람은 절대로 불안해하지 않는다. 그에게는 미래란 것이 불안에 떨 정도로 두려운 것이 아니기 때문이다. 긍정적인 눈으로 미래를 보면 그것은 엄청난 행운의 시기요, 기막힌 도약의 시간이다. 그래서 설렘에 가슴이 두근대고 기쁨에 흥분이 된다. 부정적인 사람이 미래 때문에 잠 못 이루면서 괴로워한다면 긍정적인 사람은 미래 때문에 행복해하면서 밤새 숙면을 취한다.

늘 불안감에 사로잡혀 사는 사람의 인생은 파탄 나게 되어 있다. 불안한 심리상태로 시험을 본다고 해도 잘 보기는 어렵다. 100점 맞을 시험을 불안에 사로잡힌 사람은 70점밖에 맞지 못한다. 기억력도 문제를 풀어나가야 할 추리력이나 창의력도 불안에 붙들려서 제 기능을 발휘하지 못하기 때문이다.

불안한 심리상태의 요리사가 있다고 하자. 그가 만든 스파게티가 과연 맛있을까? 손님은 그의 스파게티에 만족할 수 있을까? 불안에 시달리는 외과의사는 또 어떤가. 그가 잡은 메스가 과연 제대로 환자의 환부를 도려낼 수 있을까? 혹시라도 그럭저럭 수술을 했다고 하더라도 불안에 사로잡힌 의사는 자신 스스로에게 실망하기 쉽다.

실제로 의사인 내 친구는 자신이 한동안 불안감에 사로잡혀서 환자를 돌보는 일이 엄청나게 힘들었다고 했다. 이제 어느 정도 극복했지만 아직도 그는 약간의 불안감을 지니고 산다. 그를 괴롭게 만든 불안감은 실상 현재의 어떤 위협이 아니었다. 그는 과거의 일 때문에 미래를 두려워하게 되어버린 것이다. 그가 수술한 과거의 환자가 예기치 않게 사망하면서 갑자기 불안감에 사로잡히고 만 것이다. 물론 그의 과실은 없었다. 환자의 사망은 그의 수술과는 별 상관이 없다는 것이 밝혀졌기 때문이다. 그러나 어느 한 시기에 그는 갑자기 그 사건에 사로잡히고 말았다. 마치 과거라는 덫에 걸린 짐승처럼 괴로워하며 그는 불안해했다.

"다시 그런 일이 일어나면 어쩌지? 내가 수술한 환자가 또 죽는다면 어쩌지?"

이런 말도 안 되는 불안감이 어느 날 갑자기 생긴 것이다. 그것은 정말 턱없는 불안이었다. 과거의 어느 한 가지 사건 때문에 내 친구처럼 이렇게 불안감에 사로잡혀서 사는 사람이 한둘이 아니다. 과거의 일에 얽매이지 말라. 그 일은 이미 지난 일이며 이제 그대를 더 이상 괴롭히지 못한다. 저 멀리 흘러간 시냇물이 그대의 발을 적시는 일은 없을 것이다. 그 일은 잊어도 좋다. 다시 나쁜 일은 일어나지 않을 것임을 믿어라. 친구는 요즘 어느 정도 마음의 안정을 되찾고 있다. 난 가끔 묻는다.

"어때? 요즘도 여전히 불안하니?"

그러면 친구는 이렇게 대답한다.

"조금 그렇긴 하지만 예전처럼 죽을 만큼 불안하진 않아. 그때는 내가 긍정적이지 못했던 거 같아. 왜 내가 나 자신을 긍정적인 마음으로 평가하지 못했는지 모르겠어. 이젠 나 자신을 긍정적으로 평가하고 미래도 긍정적으로 예견하고 있어. 그랬더니 훨씬 불안감이 줄어들었어. 요즘에 밥도 잘 먹는다. 하하."

그의 말에 나는 고개를 끄덕였다. 처음부터 갑자기 지금 지닌 불안감을 다 없애기는 무리일 수 있다. 불안감 역시도 우리가 품고 가야 할 한 가지 인생의 무게일 수도 있다. 살다 보면 누구나 불안이라는 반갑지 않은 손님을 만나기 때문이다. 하지만 그런 불안감을 평생 안고 가서는 안 된다. 그건 반드시 버려야 할 부정적인 요소다. 자신을 불안하게 만든 것들을 떠올려보라. 무엇인가. 돈? 과거의 어떤 일이 반복될까 하는 염려? 건강? 가족들의 일탈? 회사의 골칫거리 일? 그것이 어떤 것이든 간에 이제 그것을 버려라. 그렇게 하기 위해서는 긍정적인 생각을 해야 한다.

긍정은 불안을 잠재우는 수면제다. 미쳐 날뛰면서 사람을 괴롭게 하는 불안이라는 것을 순한 양처럼 잠재워버리는 것이 바로 긍정이다. 불안해하지 말라. 불안은 아직 시작되지 않은 시간에 대한 억지스러운 추측이다. 그 일은 생기지 않을 것이다. 그 일은 절대로 그대를 괴롭히지 못할 것이다. 그 일에 대한 생각 자체를 멈추고 긍정적인 생각을 머리에 채워라. 그리고 지금에 충실한 삶을 살아라.

2

Part

울지 않고 햇살처럼 행복하기

실패에 연연하지 않을 것

내게 가장 큰 영향을 준 사람은 어머니다. 지금은 하늘의 빛나는 별이 되신 어머니의 말씀, 행동, 그 모든 것들이 내게 고스란히 전해졌다. 특히 어머니의 낙천적이며 긍정적인 성격은 지금의 내가 있게 만든 원천이다. 만일 우리 어머니가 매사에 조급해하고 부정적이며 미래를 비관하는 사람이었다면 지금의 나도 아마 그런 성향을 지녔을 가능성이 높다. 물론 부모의 성격을 자녀가 그대로 닮는 건 아니다. 그러나 많은 부분 영향을 받는 건 사실이다.

어느 맑고 화창한 초여름날 어머니와 나는 마당에서 개집을 짓고 있었다. 오빠와 언니들이 모두 집을 떠나 있는 상황에서 우리 모녀는 고향집에서 몇 년째 단둘이 생활하고 있었다. 어머니는 남자가 할 일, 여자가 할 일 가리지 않고 모든 걸 다 해내는 만능 재주꾼이었다. 개집을 짓는 것도 그랬다. 어디서 구해오신 판자인지 모르지만 그걸 뚝딱뚝딱 망치질하시는 것이었다. 어린 나는 그런 어머니가 신기해서 멍하니 바라보고 있었다. 그 당시의 나는 단발머리에 마른 소녀였다. 그런데 그날 처음 지은 개집은 실패작이었다. 입구가 너무 좁아서 덩치 큰 우리 집 노랑이가 들어갈 수가 없었던 것이다.

"엄마, 힘들게 만들었는데 어떡해."

땀을 뻘뻘 흘리시면서 개집을 만드신 걸 본 내가 걱정하자 엄마는 피곤을 날릴 만큼 환한 미소를 지으며 말씀하셨다.

"뭔 걱정이냐. 다시 지으면 되지."

그러고는 다시 뚝딱 개집을 새로 지으셨다. 물론 두 번째 개집은 멋지게 완공되었다. 노랑이는 꼬리를 살랑거리면서 새집에 들어가 누웠다. 맘에 드는 모양이었다. 실패한 개집은 다시 지을 새집에 도움이 되었다. 실패한 개집의 입구를 보면서 어머니는 이렇게 말씀하셨기 때문이다.

"입구를 너무 좁게 만들었구나. 새집은 이 부분을 좀 더 넓게 만들어야겠다."

어머니는 이렇게 말씀하지 않으셨다.

"애써 만들었더니 이게 뭐야. 다시 새로 지어야 한다니. 아 짜증나!"

대신 긍정적인 언어로 실패한 개집을 교훈 삼아 더 좋은 개집을 만들어내신 것이었다. 그날 이후로도 어머니의 실패에 대한 자세는 늘 긍정적이었다. 언젠가는 가뭄이 들어 고추가 다 말라죽었다. 그해 고추농사를 망친 것이다. 뉴스에서는 고추농사를 실패한 농부가 음독자살했다고도 했다. 그러나 어머니는 망친 고추농사에 연연하지 않으셨다. 대신 이렇게 말씀하셨다.

"내년에는 고추농사를 더 신경 써서 지어야겠다. 짐승이든 고추든 다 주인이 돌보기 나름이지."

그렇게 말씀하신 대로 그다음 해 고추농사는 어머니의 땀과 노력으로 풍년을 이루었던 기억이 난다. 부정적인 사람이라면 농사가 잘 안되어서 금전적인 손해를 본 걸 비관하였을지도 모른다. 그러나 긍정의 아이콘인 어머니께서는 늘 그렇게 변하지 않는 긍정을 내게 가르쳐주신 것이다. 부모는 자녀에게 롤 모델이 된다. 자신이 어떻게 사느냐가 바로 자녀에게 그대로 답습된다는 사실을 유념해야 한다. 실패한다고 해서 좌절하는 부모를 보면 그 자녀도 실패에 대해 좌절하게 될 가능성이 높다. 그러므로 무엇인가를 시도했다가 실패하더라도 절대로 좌절해서는 안 된다. 실패에 연연해서도 안 된다.

그대가 실패에 연연하게 된 순간, 그대가 바라던 인간으로 도약하는 것은 불가능하다. 그대는 지금보다 더 인간다운 삶, 인격적으로 훌륭한 삶, 보다 행복하고 풍요로운 삶을 원할 것이다. 그런데 이러한 모든 염원에 재를 뿌리는 것이 있으니 그것이 바로 실패에 연연하는 태도다. 사소한 실패를 대하는 태도부터 바로잡아야 한다. 작은 실패는 매일 벌어진다. 운전 중 목적지를 잘못 찾았다거나, 조리 과정에서 무엇인가를 빠뜨렸다거나, 시험에서 문제를 잘못 풀었다거나, 발표 도중에 실수를 했다거나. 이런 사소한 실패들을 대하는 태도를 바꿔야 한다. 그동안 그런 작은 실패 앞에서 화를 냈다거나 실망을 했다면 이젠 오히려 그 실패에 고마워하라. 그것이 긍정적인 사람의 실패 관리법이다.

어머니는 뜨거운 땡볕에서 하루 종일 개집을 짓다가 실패하셨어도 화를 내거나 기운을 잃지 않으셨다. 한해 농사를 망치게 되었어도 자신을 자책하거나 무엇인가에 대한 원망을 하지 않으셨다. 대신 다시 새롭게 그 일을 시도하겠노라고 자신에게 약속을 하셨다. 이러한 태도야말로 현명한 이의 태도다. 이렇게 작은 실패를 의지력을 가지고 극복해 나가다보면 훗날 어마어마한 실패를 만나게 되더라도 넘어지지 않게 되는 것이다.

실패는 우리의 삶에 드리워진 먹구름이 아니라 우리에게 기름진 영양분을 제공하는 인생의 거름이다. 그걸 달게 먹어라. 몸에 좋은 약만

쓴 것이 아니다. 몸에 좋은 일들도 실패 같은 쓰디쓴 인생의 고통들인 경우가 대부분이다. 어떻게 실패가 몸에 좋은 일이란 말인가. 그건 실패를 디딤돌 삼아 우리가 다른 실패를 예방할 수 있는 지혜를 얻을 수 있기 때문이다.

자신만의 고유한 특질을 계발할 것

길고양이 나비는 다른 길고양이들과는 달리 털에 윤기가 흐르고 배는 언제나 볼록하게 나와 있다. 다른 길고양이들이 골목길에 있는 음식물 쓰레기통을 뒤질 때 나비는 그들과는 다른 자신만의 특질을 발휘하였다. 그 특질이란 '인간과의 소통능력'이었다. 나비는 아침에 눈을 뜨자마자 마치 성지순례에 나선 신자처럼 동네를 한 바퀴 돈다. 가장 먼저 가는 곳은 친절한 아줌마가 있는 식당이다. 식당 아줌마는 나비에게 따뜻한 국물에 밥을 말아 준다. 마치 오래전부터 잘 아는 사이처럼 나비는 처음 그 식당에 올 때부터 살갑게 아줌마에게 다가왔던 것이다.

"이제 나비가 안 오면 오히려 더 이상해. 하루라도 나비를 안 보면 내가 다 걱정이 된다니까."

그 말을 하는 사람은 식당 아줌마뿐이 아니었다. 나비가 두 번째로 들르는 정육점 아저씨도, 세 번째로 들르는 빵집 사장님도, 네 번째로 들르는 미용실 아가씨도 모두 나비를 하루라도 안 보면 보고 싶다고 입을 모았다. 나비는 여느 길고양이와 다름없는 신세였지만 자신만의 고유한 특질을 계발해서 사람들로부터 환영받는 고양이로 다시 태어나게 되었다. 먹을 것이 없어서 걱정인 다른 길고양이들과는 차별화된 자신만의 삶을 살고 있는 셈이다. 그런 나비를 보면서 영감을 얻었는지 몇 마리 길고양이들이 나비 곁으로 다가와서 같이 생활하고 있다. 이건 실화다.

이렇듯 고양이도 자신의 특질을 갈고닦아서 생을 역전시킨다. 사람에게는 인생역전이라는 말이 있다. 그런 인생역전의 찬스를 얻으려면 자신만의 독특한 끼를 계발해야 한다.

알게 모르게 우리는 자신만의 고유한 특질을 지니고 산다. 그것을 계발하는 사람은 길고양이 나비처럼 모두에게 환영받는 사람이 될 가능성이 높다. 그렇지만 자신이 고유한 특질을 지닌 인간이라는 사실을 모른 채 사는 사람이 더 많다. 무엇을 해야 하는지도 모르고 무엇을 하고 싶어 하는지도 모른 채 사는 사람이 많다는 뜻이다. 그래서 자신만의 고유한 특질을 알아채지 못한 채 엉뚱한 일을 하면서 사는 사람들도 꽤 있다. 기계를 수리하는 특질을 지닌 사람이 적성에 맞지 않는 사무직 일을 한다면 어떻게 될까? 자신의 특질에 맞지 않는 일을 하는 것은 사이즈가 맞지 않는 옷을 억지로 입고 사는 것과 같다. 어쩔 수 없이 그 일을 하지만 마음으로는 절대로 행복하지가 않은 것이다.

내면이 부르짖는 자신만의 특질을 찾아내라. 마음속 그리움이 닿는 곳은 어디인가. 시를 쓰고 싶은가? 축구를 하고 싶은가? 병을 고치고 싶은가? 학생들을 가르치고 싶은가? 긍정적인 사람은 자신만의 고유한 특질이 무엇인지 찾아내는 일을 미루지 않는다. 현실이 아무리 버거워도 자신이 해야 하는 일, 자신이 해서 행복한 일을 정확히 이해하는 것이 긍정적인 사람이다. 그리고 또한 자신만의 고유한 특질을 아는 것에서 그치지 않고 끊임없이 더 나은 방향으로 개선시키는 일을 병행한다. 예를 들어, 자신의 고유한 특질이 세일즈라면 물건을 하나 팔더라도 허투루 팔지 않는 것이다. 어떻게 하면 이 물건을 더 많은 사람들에게 팔까, 어떻게 하면 이 물건을 사는 사람이 이 물건을 구매함으로써 더 이익을 볼 수 있을까, 이런 식으로 세일즈에도 정성과 혼을 싣게 된다.

반면, 자신의 고유한 특질을 계발하지 못한 사람은 자신이 하는 일에 대한 자긍심이 있을 수 없다. 그리고 더 나은 방향으로 개선시키고자 하는 의지도 불타오르지 않는다. 그저 해가 떴으니 일터에 출근하고 해가 져가니 퇴근하는 식으로 무의미하게 사는 것이다. 이런 삶을 500년을 산다고 하면 그대는 그런 삶을 살 것인가? 차라리 조금 덜 살더라도 자신이 하는 일에 의미를 부여하고 매일 새로운 열정에 부풀 수 있는 삶을 살고 싶을 것이다.

66사이즈 바지를 입어야 하는데 실수로 55사이즈 바지를 산 적이 있다. 억지로 몇 번은 입었다. 그런데 차마 더 이상은 입을 수가 없었다. 배가 너무 조여서 숨을 쉬기가 힘들었기 때문이다. 자신에게 맞지 않는 옷을 입어도 이렇게 괴로운데 자신에게 맞지 않는 직업을 지니고 살면 얼마나 괴롭겠는가.

자신만의 고유성을 찾는 일은 일생일대의 거사다. 이 큰일을 미루고 다른 일에 몰두한다는 건 정말 어리석은 행위다. 아직 자신만의 고유한 특질을 모른다면 모든 걸 다 내려놓더라도 일단 그것을 먼저 찾아내야 한다. 일개미의 특질은 일을 잘한다는 것이다. 그런데 일개미가 자신의 고유한 특질을 망각하고 여왕개미 흉내를 낸다면 어떻게 될까? 반대로 여왕개미가 자신의 고유한 특질을 망각하고 일개미 흉내를 낸다면 그 개미 사회는 곧 붕괴될 것이다.

작년 여름 나는 난생처음 선풍기를 분해한 적이 있다. 그 이유는 날개에 먼지가 너무 많이 쌓여 있었기 때문이다. 나사를 풀고 선풍기 날개를 목욕탕에 가져가서 깨끗이 닦는 데까지는 성공했다. 그런데 아뿔싸, 대형사고를 치고 말았다. 그건 조립의 실수였다. 부품 하나하나가 각기 고유의 몫이 있었는데 내가 그걸 간과하고 다른 부품을 엉뚱한 곳에 맞춰 넣어버린 것이 실수였다. 이것저것 대충 맞추고 선풍기 플러그를 콘센트에 꽂자 이런 소리가 났다.

"우당탕!!!"

"어머 깜짝이야! 선풍기가 부서졌어."

난 거의 울먹이듯 말했다. 그리고 거기에서 큰 깨달음을 얻었다. 작은 실수 하나가 큰 사고를 불러들일 수 있으며 물건이나 사람이나 다 자신만의 고유한 특질이 있다는 것이다. 선풍기 부품도 자신만의 고유함이 있어서 있어야 할 곳에 있어야 제 역할을 한다. 사람도 마찬가지라고 생각한다. 자신만의 고유성을 지니고 있어야 할 곳에 있어야 제 역할을 하고 이 세상에 태어난 의미를 느낄 수 있다.

그러므로 그대는 자신만의 고유한 특질을 계발하라. 주위에서 뭐라고 수군거려도 자신이 가고 싶지 않은 길을 가서는 안 된다. 자신이 하면 심장이 뛰고 가슴 설레는 일을 한다면 그대는 자신만의 고유함을 아는 사람이다. 긍정은 믿음이다. 자신에게 숨겨진 고유한 특질을 찾아 가능성을 믿고 도전해나가는 것이 긍정적인 사람의 자세다. 할 수 없다고, 포기하라고 누군가가 종용해도 절대로 흔들리지 말고 자신의 길을 걸어가라.

사소한 일로 흥분하지 않을 것

성격이 급한 사람들은 작은 일에도 엄청 크게 반응한다. 성격이 급하다는 건 부정적인 기운이 가득한 상태임을 암시한다. 자신이 평소에 성격이 매우 급하다고 생각된다면 지금 긍정이 부족한 삶을 살고 있다고 봐도 틀리지 않을 것이다. 긍정적인 사람은 사소한 일로 흥분하지 않기 때문이다. 작은 일에 부르르 화를 내는 사람치고 큰일을 제대로 해내는 사람은 없다. 큰일이란 결국 작은 일의 집합체이기 때문이다.

언젠가 나는 혼자만의 여행을 떠난 적이 있다. 버스를 타고 당일코스로 다녀온 여행이었지만 처음 가는 곳이어서 매우 새로웠다. 낯선 도시에 발을 디딜 때의 설렘은 여행자들에게 주어진 선물일 것이다. 낯선

거리, 낯선 공기, 낯선 풍경에 흠뻑 빠진 채 걷던 나는 문득 배가 고파졌다. 그래서 간단히 식사를 하기 위해 어느 식당에 들어갔다.

그 식당 문을 열고 들어서고 5분도 지나지 않아 나는 그곳에 온 걸 후회했다. 왜냐하면 식당 종업원을 혼내는 식당주인의 태도가 문제였다. 종업원은 무엇인가 대단한 실수를 한 게 틀림없다고 생각되었다. 그렇지 않고서야 주인이 그렇게 종업원을 마치 큰 죄를 지은 중죄인처럼 함부로 다룰 수는 없는 노릇이었기 때문이다.

"야, 너 정말 일을 이따위로 할 거냐? 이런 식으로 하려면 당장 그만두라고!"

머리가 반쯤 벗겨진 험악한 인상의 사장은 종업원에게 목청을 높였다. 스물두어 살쯤 되어 보이는 종업원은 눈물이 그렁그렁한 얼굴로 고개를 푹 숙이고 있었다. 그때 주방에서 사장의 부인으로 보이는 여자가 나와서 이렇게 말했다.

"여보. 그만 좀 하세요. 선희가 식탁 위에 있는 물기를 미처 발견 못해서 못 닦았던 거니까요. 그런 작은 실수는 누구나 하잖아요."

그랬다. 마치 엄청난 일을 저지른 사람처럼 추궁을 받던 종업원의 죄는 바로 식탁 위에 있던 물기를 미처 닦지 않은 것이었다. 그것도 아주 조그만 양을 말이다. 그 일로 사장은 종업원을 쥐 잡듯이 잡고 있었던 것이다. 부인의 만류에도 한참을 큰 소리를 치던 사장은 손님이 들어오고 나서야 고성을 멈췄다. 손님인 내가 봐도 너무하다 싶을 정도였으니 본인은 오죽 힘들었을까 싶다. 물론 종업원으로서 식탁 위의 물기를 닦지 못한 게 잘한 건 아니다. 하지만 그것이 한 개인의 인격까지 모독할 정도로 심각한 사태는 아니라는 것이다.

우리 사회에는 사소한 일을 부풀려서 상대방을 괴롭히는 사람들이 많이 존재한다. 이런 사람들의 특징은 부정적인 시선을 지녔다는 점이다. 자신의 관점이 잘못되었다는 걸 깨우치기 전에는 절대로 그들은 태도를 바꿀 수가 없을 것이다. 이러한 관점의 변환에는 긍정이 필요하다. 긍정적인 마음만이 사소한 일에 연연하지 않는 관대한 사람으로 변화시킬 수 있는 것이다.

작은 일에 흥분하면 큰일을 그르친다. 작은 일에 화를 내는 사람은 큰 인물이 될 수 없다. 상대방의 작은 실수를 마치 죽을죄라도 지은 것처럼 화를 내면서 단죄하는 사람은 자신의 에너지를 아주 쓸데없는 곳에 낭비하고 있는 것이다. 나 역시도 작고 사소한 일에 흥분을 잘하던 사람이었다. 아직 그 버릇을 100퍼센트 고치지는 못했지만 이제는 작고 사소한 일에 흥분하지 않는 연습을 많이 한다. 우리가 사소한 일에 흥분하게 되는 이유는 위에서 말했듯이 부정적인 생각에 사로잡혀 있을 때이다. 인생에 벌어지는 사건들을 긍정적인 면에서 보지 못할 때 사소한 일에 흥분하면서 팔짝 뛰게 되는 것이다.

작고 사소한 일에 흥분하지 않고 온화한 사람으로 살아가려면 긍정적인 마음가짐과 아량이 있어야 한다. 누구나 작은 실수는 하는 법이다. 그러므로 타인의 사소한 실수를 보고 끓어오르는 분노를 잠재워라. 작은 실수를 보고 분노가 일어나는 건 자신의 마음속이 지금 매우 척박하다는 반증이다. 마음이 척박하고 삭막하기 때문에 타인의 실수를 너그럽게 보아주지 못하는 것이다. 긍정의 마음으로 세상일을 대하면 사소한 일에 화를 내고 흥분하는 시간이 줄어들 수밖에 없다.

긍정하면 사소한 일을 확대재생산하지 않게 된다. 사소한 일은 사소한 일에서 그치게 된다. 컵을 떨어뜨려서 깨뜨렸다고 아이를 때리는 부모는 사소한 일을 큰일로 확대재생산했기 때문에 소중한 자신의 아이에게 폭력을 행사하는 것이다. 사소한 일을 사소한 일에서 그 방법이 바로 긍정적으로 생각하는 것이다.

작고 사소한 일에 집착하고 연연하지 않는다면 삶은 더욱 안정될 것이다. 긍정적인 마음은 이러한 집착적이고 파괴적인 마음을 없애준다.

자신이 하는 일에 책임감을 지닐 것

이런 황당한 일이 벌어졌다. 모 도시의 한 유명 대학병원 응급실에서 술에 취한 의사가 세 살 아이의 턱 봉합수술을 했다. 응급실에 들어올 때부터 비틀거리던 의사는 수술용 장갑도 안 끼고 아이의 턱에 바늘을 꽂았다 뺐다를 반복했다. 이를 본 부모가 놀라서 경찰에 신고를 했고 음주측정 결과 의사는 알코올을 섭취했다는 결과가 나온 것이다. 술에 취해 한 수술이 제대로 되었을 리가 없었다. 아이는 턱 봉합수술을 다시 받아야만 했다. 만일 아이가 술 취한 의사의 진료로 죽었다면 어떻게 되었을까. 다행히 생명을 잃지는 않았지만 정말 생각만 해도 오싹한 일이다. 이 일은 물론 일부 몰지각한 의사들의 행태다. 대부분의 의사들은 지금 이 시간에도 성실하게 환자들을 진료하고 있다. 그러나 이런 일부의 몰지각한 사람들로 인해서 한 직업군 전체에 대한 오해가 생기는 법이다.

의사 한 명이 잘못하면 전체 의사가 욕을 먹을 수가 있고 국회의원 한 명이 잘못하면 대한민국의 모든 국회의원이 모조리 다 비난받을 수 있다. 이것은 성별에서도 연령에서도 마찬가지로 적용된다. 어떤 여자가 사회적으로 큰 잘못을 하게 되면 전국에 있는 여자들이 동시에 여자라는 이유만으로 비난받을 수 있다. 어떤 30대가 패륜 범죄를 저지르면 전국에 있는 모든 30대가 동시에 지탄의 대상이 될 수 있다. 이렇듯 한 개인의 잘못은 개인에 국한되지 않는다. 자신의 잘못 하나로 자신과 같은 연령, 같은 성, 같은 직업을 가진 사람들이 아무런 잘못도 하지 않았음에도 피해를 볼 수 있는 것이다. 연쇄살인마와 이름이 같은 사람들이 놀림감이 되는 일은 흔하다.

자신이 하는 일에 책임을 지는 태도는 긍정적인 사람의 공통적인 특징이다. 긍정적인 사람은 자신이 하는 일에 대한 책임을 분명히 진다. 그래서 매사에 진중하게 행동한다. 한 번의 일탈로 모든 것을 한꺼번에 잃는 유명인들을 우리는 많이 보아왔다. 지금까지 아무리 잘해왔어도 단 하나의 잘못으로 말짱 도루묵이 되어버리는 경우가 많다. 그래서 긍정적인 사람은 자신이 하는 행동 하나하나에 신중하다. 음주

운전이나 음주수술 같은 일은 절대로 하지 않을 것은 물론이다.

자기가 하는 일에 책임을 지는 사람은 어떤 일을 해도 당당하다. 사회적으로 비난받을 일을 애초에 하지 않는 것은 그래서 당연한 결과다. 만일 실수로 그런 일을 저질렀다고 하면 구태의연한 변명으로 얼버무리려 하지 않고 그에 합당한 조치를 달게 받는 것이 긍정적인 사람이다. 정치인들은 구설에 휘말리면 국민들이 코웃음을 칠 만한 거짓말로 둘러대며 모면하려고 하는 경우가 많다. 비자금을 준 것이 명백한 정치인이 자신은 절대로 그런 일을 하지 않았노라고 오리발을 내밀지만 며칠 지나지 않아 거짓말이 들통이 나서 망신을 당하기도 한다. 정치인들만 그러한 것은 아니다. 평범한 삶을 살아가는 소시민들도 자신이 한 일에 대한 책임을 회피하는 일이 잦다.

월요일 아침 분주한 출근길 도로에서 접촉사고가 났다. 앞차 운전자가 뒷목을 부여잡고 차에서 내렸다.

"야, 운전 똑바로 해!"

그러자 뒤차 운전자가 기가 막히다는 듯 차문을 열고 뛰쳐나와 맞고함을 친다.

"당신이 급정거를 해서 이렇게 되었잖아."

서로 자신의 잘못은 하나도 없다고 언성을 높이는 바람에 도로는 아수라장이 되고 말았다. 사실 이 접촉사고의 원인은 앞차 운전자였다. 운전이 서툰 초보인 A씨가 급정거를 하는 바람에 뒤차가 앞차를 추돌한 것이었다. 하지만 A는 절대로 자신의 잘못을 인정하지 않았고 책임지려고도 하지 않았다. 결국 블랙박스를 확인하고야 그 사실이 밝혀졌지만 그때까지 A의 발뺌으로 인해 여러 사람이 피해를 보게 되었다.

첫 번째 피해자는 A씨 자신이다. 잘못에 대한 책임을 지기 싫어 거짓말을 한 그는 거짓말이 탄로 날 것이라는 불안감과 마음속 죄책감에 시달릴 수밖에 없었던 것이다. 그리고 두 번째 피해자는 뒤차 운전자다. 월요일 아침 상쾌한 기분으로 운전대를 잡았는데 난데없는 접촉사고로 하루를 망치게 되었던 것이다. 그리고 세 번째 피해자는 그 시간에 그 도로에 있던 다른 운전자들이다. 사고 때문에 차가 밀려서 출근시간에 늦었으며 약간의 스트레스를 받았다. 네 번째 피해자도 있다. 그것은 바로 국가다. 대한민국의 공권력이 한 사람의 거짓말로 인해서 쓸데없는 곳에 낭비된 것이다.

자신이 하는 일에 책임감을 지녀라. 자신이 하는 일은 오직 자신의 책임이다. 아주 간단한 예를 들어보자. 아내와 남편이 주방에서 말다툼을 한다.

"당신이 자꾸 싱겁다고 해서 소금을 많이 넣었더니 요리를 망쳤잖아요!"

아내가 남편에게 성질을 낸다. 그러자 남편도 지지 않는다.

"무슨 소리야. 내가 그렇게 말했다고 소금을 이렇게 많이 넣은 건 당신이잖아. 내가 직접 소금을 넣은 건 아니잖아. 왜 책임을 전가시키고 그래?"

이런 풍경은 흔하다. 자신의 잘못을 남에게 전가하는 경우는 일상에서 흔한 일이다. 그러나 이런 일이 반복되면 습관이 된다. 운전을 하면 운전을 한 책임을 져라. 요리를 하면 요리를 한 책임을 져라. 말을 하면 말을 한 책임을 져라. 자식을 낳으면 자식에 대한 책임을 다하라. 결혼을 하면 결혼에 대한 책임을 져야 한다. 친구와 약속을 하면 약속을 한 책임을 져야 한다. 보증을 섰으면 보증에 대한 책임도 져야 한다. 자신이 한 일에 대한 책임을 타인에게 전가시킬 궁리는 할 필요가 없다. 긍정적인 마음으로 자신이 한 일은 자신이 책임진다는 사명감을 가져라. 그렇게 하면 보다 더 자신감 있는 인생을 살게 될 것이다. 책임의식이 확고한 사람은 무슨 일을 해도 두렵지 않기 때문이다.

성실할 것

태어난 지 15일째 되는 날부터 부지런히 일을 하는 생명체가 있다. 믿기지 않겠지만 그런 생명체가 지구상에 존재한다. 인간 같으면 어림도 없는 일이다. 기적 같은 이야기의 주인공인 그 생명체는 바로 꿀벌이다. 꿀벌은 태어난 지 15일째 되는 날부터 꿀을 따기 시작한다. 그리고 평생을 하루에 수만 송이의 꽃을 찾아다니는 수고로움을 매일 반복한다. 이러한 꿀벌의 생태를 사람들은 삶에 비유하기도 한다.

"평생 꿀벌처럼 일만 하다가……."

이 말은 무엇을 의미하는가. 그가 살아온 역사를 의미한다. 그가 현재 어떤 처지에 있든 상관없이 성실하였다는 증거가 되는 말이다. 성실하지 않고 방탕하게 살아온 사람에게 '꿀벌처럼'이란 말을 하는 사람은 없을 것이기 때문이다. 성실함을 한 개인의 특성이라고 치부해버릴 수도 있다.

"저 사람은 원래 성실하지."

그렇지만 그렇게 가볍게 한 개인의 성실성을 말하는 건 무성의한 일이다. 어떤 사람이 매우 성실하다는 느낌을 준다면 그 사람은 긍정적으로 살기 위해 필사의 노력을 하고 있는 중이다. 긍정적이지 못한 사람은 성실할 수가 없다. 이 말은 진실이다. 성실함이라는 것은 부단한 노력의 결과물이기 때문이다. 그 노력이라 함은 생각의 노력이다. 아무리 부정적인 생각이 들더라도 긍정적으로 생각을 바꾸는 부단한 노력을 하지 않고서는 자신의 삶에 성실히 임할 수가 없다. 다음의 예를 보자.

피자가게에서 아르바이트를 하는 김군은 사장의 잔소리 때문에 화가 났다. 원래는 세 달을 일하기로 하고 출근했지만 화가 났다는 이유로 무단결근을 반복하기 시작해서 열흘 만에 그곳을 그만두었다. 그는 성실한가? 김군은 성실하지 않다. 누구나 이렇게 쉽게 말할 것이다. 그가 왜 성실하지 않은가? 이 물음에는 또 이렇게 대답을 할 것이다. 그는 사장과의 약속을 지키지 않았다. 그렇지만 거기에서 끝나면 곤란하다. 김군은 자신과의 약속도 지키지 않았다는 사실을 간과해서는 안 된다. 김군이 성실한 사람이라면 세 달을 채우고 그곳을 그만두었어야 옳다. 사장이 아무리 잔소리를 해 화를 돋우었어도 그렇게 해야 하는 것이 성실한 사람의 자세다. 그렇게 하려면 어떤 마음가짐이 필요했을까?

누가 뭐래도 그에 대한 정답은 긍정적인 마음가짐이다. 성실의 밑바탕은 긍정이라는 것을 우리는 이 예에서 쉽게 발견할 수 있다. 성실하기 위해서는 상황에 대한 긍정, 사람에 대한 긍정, 자신의 인생에 대한 긍정이 반드시 필요하다. 이 사실을 기억하라. 초등학교 6년 동안 성실하게 학교를 다녀서 개근상을 탄 학생은 매우 긍정적인 학생일 가능성이 높다. 만일 그 학생이 부정에 점령당했다면 반드시 결석이나 지각을 할 수밖에 없었을 것이다. 물론 아팠다거나 어쩔 수 없는 상황이라면 지각이나 결석을 할 수 있다. 여기에서 말하는 학생은 그런 경우를 제외한 경우 결석하지 않은 학생을 말한다.

"저 선생님 마음에 안 들어. 오늘은 학교 가기 싫다!"

"저 친구 얼굴 꼴 보기 싫다. 오늘은 학교에 늦게 가야지."

부정적인 생각을 하는 학생은 이런저런 핑계를 대면서 결석을 하고 지각을 할 것이기 때문이다.

수천 번 날개를 파닥거려야만 겨우 손톱만큼의 꿀을 얻는 꿀벌은 성실함의 표본이다. 그런 꿀벌 같은 성실함을 갖기 위해서는 바로 수천 번의 날갯짓인 노력이 필요하다. 늘 매사를 긍정적으로 바라보는 자세를 지니도록 노력하는 자에게 성실한 삶이 주어지는 것이다. 자신을 무시한다고 생각하면 그렇지 않은 상황인데도 그렇게 여겨지는 것이 사람이다. 부정적인 생각을 하게 되면 현실이 왜곡된다는 의미다. 그래서 자신에게 아무런 해도 가하지 않는 사람에게 원한을 품는 경우마저 생기는 것이다.

긍정적인 사람은 성실하다. 그럴 수밖에 없는 것이, 긍정적으로 살아가면 자연스럽게 성실하게 되는 것이다. 힘겨운 노동으로 생계를 유지해야 하는 가난한 노동자도 긍정적인 생각을 하고 살면 성실하게 노동을 할 수 있다.

"오늘도 일할 수 있는 기회가 생겼구나. 고맙고 감사한 일이야. 다른 사람들은 일이 없어서 놀기도 하는데 난 오늘 일할 수 있게 되었어. 열심히 해야겠다."

아파트 공사장에서 벽돌을 져 나르는 막노동일이라도 이렇게 긍정적인 마음을 지닌 사람은 즐거운 일이 된다. 하지만 부정적인 생각을 하는 사람은 똑같은 일이 생겨도 이렇게 말한다.

"휴, 오늘도 죽어나겠군. 그 무거운 벽돌을 져 나르려면 하루 종일 얼마나 힘들까. 에이, 돈 벌려면 어쩔 수 없이 일해야지. 진짜 일하기 싫은데."

이런 마음을 지니고 벽돌을 나른다면 그는 과연 성실하게 일할 수 있을까? 부정적인 마음을 지니고 벽돌을 나르면 긍정적인 마음을 지니고 벽돌을 나르는 사람보다 두 배 세 배는 더 힘들게 되어 있다. 왜냐하면 그 일을 즐기지 못하고 자신을 괴롭히는 '그 무엇'이라는 생각을 하기 때문이다. 그래서 성실하게 일하는 건 고사하고 설렁설렁 대충 일을 하게 되는 것이다. 그런 일꾼을 마음에 들어 할 고용주는 없을 것이다. 그런 사람은 그 일자리마저도 잃게 될 가능성이 크다. 반면에 벽돌을 나르는 일일지라도 감사하면서 성실하게 일하는 사람은 고용주 입장에서 너무나 소중한 인재다. 그래서 그 사람을 오래도록 자신의 사업장에 붙잡아두고 싶어 한다. 성실한 사람은 스스로도 행복하고 타인도 행복하게 만드는 사람인 셈이다.

입체적 사고를 할 것

수백 년 전 세상과 지금의 세상은 엄청나게 다르다. 수백 년 전에는 감히 상상할 수도 없던 것들이 지금은 버젓이 우리 실생활 속에 있다. 여러분은 이 현상을 당연하다고 여기는가? 그러나 이런 변화에는 수많은 이들의 수고로움이 배어 있음을 간과해서는 안 될 것이다. 과거의 시대와 현재의 시대는 어쩌면 천지창조 전후와도 같다. 수백 년 전에는 존재하지 않았던 것들이 버젓이 우리와 함께하고 있으니 말이다.

손안에 있는 휴대폰이 그렇고 텔레비전이며 각종 첨단기기 제품들이 그러하다. 아궁이에 장작불을 때서 가마솥 밥을 짓던 옛사람들은 지금의 전기 압력밥솥을 보면 놀랄 것이다. 겨울철 한강의 얼어붙은 얼음을 깨서 동굴에 보관해서 먹던 조선시대 관료들이 지금의 냉장고를 본다면 경악을 금치 못할 것이다. 이런 면을 본다면 조선시대 왕보다도 더 화려하고 편리한 생활을 하는 것이 현대인들이다. 그 수많은 신기한 첨단제품들 중에 3D 프린터라는 것이 있다. 아직 대중적으로 보급되지는 못했지만 기업체와 연구소 등에서는 많이 쓰고 있다고 한다. 특히 최근 유럽우주기구와 영국의 한 건설설계업체에서는 3D 프린터를 활용해 달에 돔 기지를 건설할 계획이라고 밝혔다.

현대를 살아가는 사람인 내가 봐도 놀라운 점은 물건을 통째로 복사한다는 것이다. 축구공을 복사하는 건 일도 아니다. 그것보다 훨씬 세밀한 물건들도 디테일하게 복사해낸다. 미국에서는 총기를 그대로 복사해내서 문제가 되기도 했다. 일반 프린터가 종이에 평면적으로 복사하는 수준이라면 3D 프린터는 그 물건을 고스란히 현실에 재현한다. 그대라면 어떤 프린터를 갖고 싶은가? 평범한 일반 프린터인가, 아니면 물건을 완벽하게 복사해내는 입체 프린터인가.

평범한 프린터의 한계를 넘어선 입체 프린터의 등장은 앞으로 세상을 획기적으로 바꿔줄 것이다. 그런데 여기에서 한 가지 우리가 유의해야 할 점이 있다. 생각을 할 때에 어떻게 하느냐에 따라서 그 사람의 면면이 결정된다는 점이다. 단면만을 보는 사고를 하는 사람은 단면만

보고 판단을 한다. 하지만 입체적으로 사고하는 사람은 입체적인 면을 보고 판단을 할 것이다. 즉 입체적 사고를 하는 사람은 그렇지 않은 사람보다 더 많은 면을 볼 수 있다.

나는 여러분이 입체적 사고를 하기 바란다. 긍정적인 사람은 항상 입체적으로 사고한다. 그것은 그들의 습관이다. 하나의 일이 벌어지면 그것을 다각도로 분석하는 것이 긍정적인 사람의 태도다. 그렇기 때문에 보다 더 객관적이고 정확한 결론을 도출해낸다. 이러한 입체적 사고는 사람의 인성도 너그럽게 만든다. 그리고 더 많은 것들과 소통하게 한다. 일반적인 상황에서 입체적 사고가 어떤 것인지를 알아보자.

기다리고 있던 우편물이 며칠째 오지를 않는다. 박모 씨는 화가 난다. 그의 사고는 평면적이다. 그는 이 생각만 하고 있는 중이다. "아직 우편물이 안 왔어." 이 생각만 며칠을 하다 보니 화가 나지 않을 수가 없다. 그는 그것을 우편배달부의 실수라고 생각한다. 그래서 화가 난다. 만일 박모 씨가 입체적인 사고를 한다면 어떤 생각을 할까? 그가 입체적인 사고를 한다면 그는 우편물이 안 온 이유에 대한 다각적 검토를 할 것이다.

첫째, 날씨가 원인이 될 수도 있다. 그가 사는 지역엔 폭설이 내려서 며칠째 교통이 마비된 상태다. 둘째, 우편배달부가 실수로 다른 집에 넣었을 수도 있다. 셋째, 누군가가 우편물을 훔쳐갔거나 애초에 우편물이 발송되지 않았을 수도 있다. 이렇게 여러 가지 경우의 수를 따져보면 어떤가. 단순히 평면적인 사고를 할 때 우편배달부가 전적으로 죄인이었던 것과는 다른 결과가 도출되는 것이다. 우편배달부 때문이 아니더라도 박모 씨는 우편물을 받지 못할 수도 있음을 알 수 있다.

또 다른 입체적 사고의 예를 보자. 이번에 평범한 주부 소라 씨가 입체적 사고를 할 때와 안 할 때의 차이를 알아볼 것이다. 소라 씨는 서른아홉 살 주부다. 그의 남편은 얼마 전 실직했다. 중소기업에 다니던 남편은 회사가 부도가 나는 바람에 일자리를 잃고 집에서 놀게 되었다. 소라 씨가 평면적인 사고를 하는 사람이라면 그녀는 이렇게 자조할 것이다.

"앞으로 어떻게 사나. 남편이 이제 돈을 못 버는데. 난 어떻게 살아."

그녀는 남편의 실직에만 사고를 국한해버렸다. 그것도 아주 부정적으로 말이다. 남편이 실직했으므로 우리 가정은 파산이라는 결론을 내리고서 한탄하게 되는 것이다. 하지만 입체적으로 이 상황을 사고하게 된다면 이렇게 말할 것이다.

"남편이 실직했지만 우리는 잘 살아갈 수 있어. 내가 벌면 되고 남편도 다른 좋은 일자리를 구할 수 있을 것이니까. 오히려 남편이 실직으로 더 좋은 기회들이 생길 수도 있고. 난 이 상황을 타개해나갈 충분한 능력이 있다."

이렇게 입체적 사고를 하는 사람은 긍정적인 마음으로 자신에게 닥친 불행도 행운으로 바꿔버린다. 여러분은 현실에서 어떤 사고를 하길 원하는가. 입체적 사고인가, 평면적 사고인가. 생각을 많이 하는 것이 번거롭다고 치부해버리지 말라. 깊은 사고는 입체적 사고를 할 수 있게 한다. 그러므로 우리는 깊게 생각해야 한다. 하나의 일이 벌어지면 천 가지 해결점을 찾아낼 수 있어야 한다. 그 문제를 풀어나갈 수 백 가지 방법론을 강구해내야 한다. 그것이 입체적 사고법이다.

지극히 사적인 일이라도 입체적 사고를 해야 한다. 별것 아니라고 해서 단순하게 판단해버릴 경우 그것이 큰 사건의 시작이 될 수도 있다. 긍정적인 사람은 입체적 사고를 하는 것을 즐긴다. 긍정은 열린 마음이다. 열린 마음은 열린 시각으로 이어지고 열린 사고, 입체적 사고로 연결된다. 그렇다면 부정은 무엇인가. 닫힌 마음이다. 닫힌 마음은 닫힌 시각으로 이어지고 닫힌 사고, 평면적 사고로 연결된다. 어떤 사람이든 부정적으로 산다면 언제까지나 평면적인 사고에서 벗어나지 못할 것이다.

꿈을 이루기 위해 노력할 것

정신적 파라다이스는 꿈의 완성과 일맥상통한다. 인간의 고차원적 지성은 자신이 원하는 바를 이루었을 때 비로소 만족할 수 있는 법이다. 재벌가에 시집가서 막대한 부를 손에 쥐게 된 여자 연예인들이 몇 년 후 그 재벌가를 박차고 나온 데는 그럴 만한 이유가 있다. 가장 큰 이유는 자신이 바라던 삶이 아니었기 때문일 것이다. 꿈이란 것은 자신이 바라는 것을 구체적으로 표현한 것이다. 만일 꿈을 확실히 하지 않고 막연히 이루고 싶은 그 무엇이라고 한다면 사람들은 그것을 이루고 싶은 욕구를 덜 느낄 것이다.

확고한 목표를 지닌 사람과 그렇지 않은 사람의 삶은 다를 수밖에 없다. 출발선상에 선 주자들 중 한 명은 우승을 하겠다는 꿈을 지니고 있고 한 명은 아무런 생각도 없다면 누가 우승할 확률이 높은가? 그것은 말하지 않아도 알 것이다. 꿈은 구체적이고 확실한 지침이다. 그런 꿈을 품고 실현시키기 위해 노력하는 삶이야말로 가장 바람직한 삶이 아니겠는가. 긍정적인 사람은 꿈을 실현시키기 위해 노력하는 사람이다. 자신의 꿈을 정확히 알고 그것을 실현시키기 위해 오늘 내가 무엇을 해야 하는지 늘 염두에 두고 실천하는 사람이 되어라.

자칭 성공했다는 많은 이들이 꿈을 갖고 살라고 주장한다. 그러나 그들은 실제적으로 꿈을 이루기 위해 얼마나 많은 노력을 해야 하는지에 대해서는 별 언급을 하지 않는다. 그 이유는 꿈을 이루기 위한 노력이 개인별로 차이가 있을뿐더러 그만큼 수고롭기 때문이다. 꿈을 실현시키기 위해서는 각고의 노력이 필요하다. 꿈이라는 원대한 목표를 이루기 위해서는 그에 걸맞은 인내와 노력이 필요한 셈이다. 조금 더 눈높이를 낮춰 꿈이 아닌 실생활에서도 노력의 필요성은 찾아볼 수 있다.

아직도 겨울철에 연탄을 때는 집이 있다. 연탄은 수시로 새로운 연탄을 갈아 넣어줘야만 온기가 지속되는 연료다. 그런 연탄을 때는 집에 사는 사람이 노력을 하지 않는다면 어떻게 될까?

"아이, 귀찮다. 연탄 가는 것 너무 귀찮아!"

이러면서 연탄을 새로 갈려는 노력을 하지 않는다면 창고에 아무리 많은 연탄이 있어도 차가운 냉방에서 지내야 할 것이다. 다시 말해서 자신을 따뜻하게 해줄 수 있는 재료를 지니고 있으면서도 노력을 하지 않음으로써 저체온증의 위험에 처하게 하는 셈이다. 피곤해도 새벽에 일어나서 새 연탄을 갈아 넣는 노력을 한다면 그 사람은 밤새 따뜻한 방에서 잘 수 있을 것이다. 이와 같이 일상생활에서도 노력은 필요하다. 그런데 하물며 꿈이다. 꿈은 인생의 완성이다. 또한 정신적 파라다이스라고 할 수 있다. 이런 일생일대의 목표를 이루는 데 어떻게 노력을 미룰 수가 있겠는가.

지금까지 내가 낸 책이 열두 권이 되었다. 9년이란 시간 동안 열두 권의 책을 쓴 비결을 궁금해하는 독자들이 있다.

"어떻게 책을 그렇게 꾸준히 낼 수 있었나요?"

그럴 때면 나는 이렇게 말한다.

"하루에 한 페이지씩 성실하게 썼습니다."

1년에 책을 한 권 이상을 써야 한다고 생각하면 막연하다. 그렇지만 하루에 한 페이지씩 글을 쓴다고 하면 별로 어려워 보이지 않는다. 나는 독자들에게 위로를 주는 책을 쓰고 싶다는 꿈이 있었기 때문에 그 꿈을 실현시키기 위한 노력을 했다. 그 노력은 바로 하루에 한 페이지씩 끊임없이 글을 쓰는 것이었다. 물론 나도 사람이다. 어떤 날은 기분이 매우 우울해서 아무것도 하기 싫다. 몸이 많이 아픈 날도 있고 마음이 많이 지친 날도 있기 때문이다. 그렇다고 해서 글을 쓰지 않는다면 꿈의 실현은 늦춰질 수밖에 없다. 그래서 몸이 아파도 마음이 지쳐도 글을 쓰기 위해 노력했다. 꿈은 게으름과 자기변명을 용인하지 않는 사람에게만 실현이라는 기적을 준다.

힘들다고 꿈을 이루기 위한 노력을 하지 않는다면 그건 스스로 꿈을 뿌리치는 행위다. 꿈을 이루려면 죽을 것처럼 몸이 아파도 아무것도 하지 못할 만큼 마음이 아파도 자신의 일을 해야만 한다. 그렇게 하기 위해서는 긍정의 힘이 필요하다. 긍정적인 사람은 부정적인 상황에서도 자신의 꿈을 포기하지 않는다. 그러므로 여러분은 긍정해야 한다. 꿈에 대한 비난을 들어도 긍정하는 사람은 꿈을 이룩할 수 있는 사람이다.

"그 일을 네가 해내겠다고? 꿈 깨라. 넌 못할 거야!"

이렇게 그대에게 부정적인 말을 하는 사람이 있더라도 꿈을 의심하거나 버려서는 안 된다. 그대의 꿈이 그대의 미래가 될 것이기 때문이다. 부정적으로 다른 사람의 꿈을 비하하는 사람에게 영향받지 말고 스스로의 완벽한 긍정으로 그 부정적인 말을 이겨내야 한다.

"걱정 마, 난 충분히 할 수 있으니까."

이렇게 소신을 가지고 당당하게 말하라. 그리고 꿈을 향해 피땀 어린 노력을 하라. 그렇다고 해서 자신을 혹사시키라는 말은 아니다. 커다란 꿈도 작은 한 발에서 출발한다. 책 한 권을 한 번에 다 쓴다고 생각하면 엄두가 안 나지만 하루에 한 페이지씩 써나간다면 해볼 만한 것처럼 꿈이란 건 작은 노력들이 모여서 이루어지는 산물이다. 날마다 자신이 할 몫을 정하고 그만큼의 노력을 기울여라. 그렇게 긍정적으로 노력하다 보면 그대의 꿈은 곧 이루어질 것이다. 꿈의 실현은 연령과 성별, 지역, 지위 등을 가리지 않는다. 꿈의 실현에 절대적으로 영향을 끼치는 것은 긍정이다. 긍정적인 마인드로 최선의 노력을 기울이면 이루지 못할 꿈은 없다.

극단의 감정에 휩쓸리지 않을 것

20대 후반의 여성이 남자친구에게 납치되었다는 다급한 전화를 부모에게 걸어왔다. 전화는 곧 끊기고 놀란 부모는 경찰에 바로 신고를 했다. 무려 3000여 명의 인력이 동원되어서 그들을 찾아 나섰다. 돌연 행방을 감춘 두 사람을 찾는 일은 쉽지 않았다. 남자친구는 30대 초반이었다. 남자친구가 그녀를 납치한 이유는 부모가 결혼을 반대했다는 것이었다. 사람들은 여러 정황상 두 사람이 어린 나이도 아니니 어디서 잘 지내고 있을 것이라고 말하였다. 그러나 그 예상은 빗나갔다.

"어차피 결혼 못할 것이라면 오늘 우리 둘 같이 죽자."

이러면서 남자는 여자친구를 납치해서 자취를 감춘 것이다. 무사히 지내고 있을 거라던 사람들의 바람과 달리 비극적인 일이 벌어졌다.

며칠 후에 그들이 탔던 승용차가 어느 강 하구에서 발견되었는데 앞뒤 유리창이 다 깨져 있고 남자는 숨져 있었던 것이다. 함께 타고 있던 여자는 실종된 상태다. 이 사건의 핵심은 무엇일까. 그건 바로 남자가 부모의 결혼 반대라는 불편한 상황에서 자신의 감정을 조절하지 못한 점이다. 부모는 자식의 결혼을 얼마든지 반대할 수 있다. 또한 찬성할 수도 있다. 그건 개인의 선택이기 때문이다. 우리가 다른 사람들의 선택까지 일일이 다 관여할 수는 없는 노릇이다.

대통령이 전 국민의 선택을 모두 관여할 수 있는가. 어떤 국민이 저녁식사로 비빔밥을 먹는 것이 맘에 안 든다고 그 국민의 집에 찾아가서 화를 내는 대통령은 없다. 만일 그렇게 수천만 명의 삶을 간섭하다가는 대통령은 스트레스로 조기 사망할 확률이 높지 않겠는가. 아무리 대통령이라고 해도 다른 사람의 생각과 선택을 자기 맘대로 한다는 건 불가능한 일이다. 모든 권력을 쥐고 있던 조선의 왕조차도 백성의 모든 선택에 대해 왈가왈부할 수 없었다.

타인의 생각을 자신의 마음대로 조정하지 못한다고 해서 분노하는 건 부정적인 사람의 태도다. 긍정적인 사람은 다른 사람의 생각과 그에 따른 선택을 존중한다. 그걸 이해하지 못하고 자신의 감정을 컨트롤 못한 채 죽음이라는 최후의 선택을 한 것은 잘못된 일이다.

여자친구의 입장에서 그녀가 만약 남자에 의해 희생되었다면 얼마나 억울한 일인가. 자신은 전혀 그럴 의도가 없었는데 타인에 의해 소중한 생명을 잃게 된 것이기 때문이다. 극단의 감정에 휩쓸리면 이와 같이 자신뿐만 아니라 다른 사람까지도 위험에 처하게 만들 수 있다. 이 점을 우리는 명심해야 한다. 긍정적인 사람은 극단의 감정에 휩쓸리지 않는다. 긍정은 극과 극의 감정을 잘 조율할 수 있는 빛나는 지혜이기 때문이다.

긍정은 지혜로움이다. 부모님의 반대라는 걸림돌 앞에서도 침착함을 잃지 않고 그 상황을 타개해갈 방법을 모색하는 것이 긍정이다. 극단의 감정에 휩쓸려서 인생을 망치는 사람이 한둘이 아니다. 50평생을 모범적으로 살아온 공무원이 한순간의 감정을 참지 못하고 폭발하는 바람에 범죄자가 되기도 하고, 잘나가던 스타가 극단의 감정에 휩쓸려서 추락하는 경우도 있다. 명예를 잃고 건강도 잃고 주변에 있던 사람들까지도 잃게 만들며 궁극적으로는 삶 자체를 황폐화시키는 것이 극단의 감정에 몸을 맡기는 일이다. 그러므로 여러분은 어떠한 경우에라도 침착해야 한다.

극단적인 감정이 생길 때 가장 유의해야 하는 건 자신이 지금 무슨 생각을 하고 있는가를 점검하는 것이다. 타인을 해친다거나, 물건을 부순다거나, 자신을 해치는 일을 벌이기 전에 당장 자신의 생각이 지금 무엇에 집착하고 있는지를 깨달아야 한다. 한강 다리 앞에서 극단의 감정에 사로잡혀서 자살을 기도하는 사람이 있다고 하자. 그 사람은 현재 수억 원의 빚을 지고 있는 중이다. 그의 생각은 오직 그 빚에 한정되어 있는 중이다.

'난 수억 원의 빚을 지고 있어. 난 가망이 없어. 어쩌면 평생을 벌어도 갚지 못할 돈이야. 이렇게 사느니 차라리 죽자.'

이러면서 자신의 소중한 생명을 서슴없이 한강물에 던지려고 하고 있는 것이다. 이 순간에 그는 자신의 생각이 한 가지에 편중되어 있음을 깨달아야 한다. 만일 그가 그러한 과정을 거치게 된다면 자살시도를 더 이상 하지 않을 것이다. 그러나 그가 계속 빚에 집착하는 생각을 하고 극단의 감정에 휩쓸린다면 결국 죽음에 이르게 될 것이다. 극단적인 감정은 극단적인 생각이 만들어내는 비극이다. 자신의 생각이 극단적으로 치닫고 있는지 항상 유념하라. 자신을 지키는 건 호신술이나 호신용품 이전에 긍정적인 생각이다. 그러므로 우리는 늘 긍정하는 삶을 살아야 한다. 극단적인 감정에 휩쓸리지 않고 생각의 중심을 잡고 살기 위해서는 긍정적인 생각이 필수적이기 때문이다.

이 일이 절체절명의 일이라고 생각되는 건 생각의 오판이다. 세상에 그런 일은 없다. 오직 그렇게 느끼는 사람이 있을 뿐이다. 가족이 사망하거나 자신이 몹쓸 병에 걸렸다고 해도 그건 일생일대의 비극의 시간이 아니다. 그 일은 스스로가 견뎌내야 할 인생이라는 시간의 일부분이다. 사람은 누구나 가족을 잃고 건강에 이상이 생기는 경험을 하게 되어 있다. 감기 한번 안 걸린 사람이 어디 있는가. 감기도 따지고 보면 불치병이다. 그러므로 자신의 삶에 드리워진 어둠 한 줄기를 인생 전체를 망치는 죽음의 그림자라고 확대해석하지 말라. 별것 아닌 일에 목숨 걸지 말라는 뜻이다.

감정을 조절하는 일은 영어 단어를 하나 더 외우는 일보다 중대한 일이다. 토익시험에서 점수가 제아무리 높아도 수능 만점을 받았어도 감정을 조절하지 못하는 사람은 성공할 수 없다. 극단의 감정에 휩쓸려서 아등바등하는 사람을 누가 좋아하겠는가. 자기 자신조차도 그런 자신을 용납하기 어려울 것이다. 폭풍처럼 몰아치던 감정도 시간이 지나면 별것 아닌 것이라고 여겨지는 것이 인생이다. 이러한 인생의 특징을 잘 이해하고 긍정적으로 감정을 컨트롤하는 지혜를 발휘해야 할 것이다.

다른 사람에 대한 비평에 신중할 것

다른 사람을 비평하는 사람은 자신의 몸에 묻은 오물을 보지 못하는 사람이다. 자신의 몸에는 오물이 한가득 묻어 있는데 그걸 모르고 다른 사람 몸에 묻은 흙먼지를 흉보는 것이 비평가들이다. 비평을 한다는 건 부정적 사상에 물들었다는 증거다. 왜냐하면 비평을 하려면 일단 그에 대해서 부정적인 관점을 가져야 하고 부정적인 관점으로 부정적인 면을 찾아내는 시도를 해야만 한다. 또한 부정적인 마음으로 부정적인 언어로 그 사람에 대한 부정적인 평가를 해야만 한다. 부정의 총체적 결과물이 바로 비평이란 뜻이다.

물론 정당한 비평은 필요하다. 정의를 해치는 사람에 대해서 비평을 하는 건 꼭 필요한 일이다. 하지만 그건 비평이라기보다는 정당한 이의 제기이다. 비평은 비난과 같은 말이다. 정당한 비평이란 말은 그래서 형성되기 어렵다. 비평하려면 그 사람을 어쩔 수 없이 폄하하는 시선을 지닐 수밖에 없다.

예를 들어서 생각해보자. 어느 여학교에 새로운 영어선생님이 오셨다. 그런데 학생들은 그 선생님이 마음에 들지 않는다. 그래서 영어선생님에 대한 비평을 한다.

"그 선생님 수업시간은 집중이 안 돼. 정말 지루해 죽겠어. 쳐다보는 것이 힘겨울 정도라니까."

한 학생이 이렇게 말하자 다른 학생도 덩달아서 맞장구를 친다.

"맞아, 맞아. 난 잘생긴 총각 선생님을 기대했는데, 자기가 세상에서 가장 예쁜 줄 아는 공주병도 있고 나이도 많고."

두 학생이 본질적으로 말하고 싶은 건 무엇일까. 영어선생님의 성별에 대한 불만이다. 이 점을 눈치챘을 것이다. 이건 정당한 이의 제기가 아니라 비평이다. 학생들은 영어선생님이 남자 선생님이 아니어서 비평을 가하는 중이고 더 나아가 영어선생님이란 존재 자체를 비하하는 중이다. 이 말을 영어선생님이 듣는다면 기분이 어떨까. 물론 이 말은 영어선생님 귀에 들어갔다. 그녀는 다행히도 긍정적인 사람이어서 그다지 큰 충격을 받지는 않았다.

"녀석들, 내가 여자인 게 죄지. 그 나이면 잘생긴 총각선생님이 더 좋을 때니까."

그렇게 말은 했어도 학생들에게 서운한 건 숨길 수 없는 일이었다. 누군가에게 비평을 듣는다는 건 즐거운 일이 아니다. 행복한 일도 아니고 자주 겪고 싶은 일도 아니다. 그렇지 않은가? 여러분은 어떤가. 누군가 자신을 날마다 비평해주고 싶다고 한다면 그에게 감사하다고 말할 것인가? 아니면 이렇게 말할 것인가?

"됐거든요! 당신 일이나 잘하세요."

긍정적인 사람은 비평에 대해 매우 신중하다. 타인을 비평하려고 할 때 최대한 망설이고 제어한다. 그래서 긍정적인 사람은 비평을 거의 하지 않는다. 물론 긍정적인 사람도 철없던 어릴 적이나 긍정적인 사람이 되기 이전에는 비평을 했다. 하지만 긍정적인 사람으로 거듭난 후에는 비평의 단점에 대해 누구보다도 더 잘 알기 때문에 절대로 비평을 하지 않는 것이다. 비평의 단점이란 무엇인가. 지금까지 그대가 몰랐던 여러 단점들이 있다.

비평은 사람을 위축시킨다. 비평은 사람을 우울하게 만든다. 비평은 사람을 비관적으로 만든다. 비평은 고립감을 느끼게 한다. 비평은 자존감에 상처를 준다. 비평은 개인의 행복을 깨뜨릴 수 있다. 비평은 자살도 유발시킨다. 비평은 일할 맛을 사라지게 한다. 비평은 밥맛도 사라지게 한다. 비평은 심장병을 비롯한 각종 암과 질병을 유발시킨다. 비평은 증오심을 불러온다. 비평은 비평하는 사람에 대해 비평하고 싶게 만든다. 이러한 수많은 비평의 단점을 미처 몰랐을 것이다. 이제부터라도 이러한 단점들에 대해 숙지해야 한다. 그렇다면 단점이 무수히 많은 비평의 장점은 무엇일까. 그건 아무리 찾아봐도 없다. 비평은 장점이 하나도 없는 단점만 가득한 못된 습관인 것이다.

'아, 저 사람 정말 이 점은 마음에 안 들어.'

이런 생각이 들면서 비평하고 싶어지거든 잠깐만 멈춰라. 비평을 신중히 하라. 그대의 비평에 상대방은 죽음을 생각할 수도 있다. 우리가 쉽게 내뱉는 한마디의 부정적인 말이 다른 사람의 가슴에 비수가 되어 꽂힌다면 얼마나 무서운 일인가.

병원장의 모욕적인 비평 한마디에 빌딩 옥상에 올라가서 투신자살한 어느 의사의 이야기는 실화다. 소위 배웠다는 엘리트인 의사조차도 비평에 이렇게 약한 것이다. 비평은 배운 자나 못 배운 자나, 부자나 가난한 자나, 어린아이나 노인이나, 사회적 지도층이나 일반 시민이나 누구에게도 해롭다. 그 해로움은 방사능보다 더할 수도 있다. 섬뜩하지 않은가. 비평 한마디가 사람을 죽음에 이르게 할 수도 있다니. 믿어지지 않지만 실제로 벌어지고 있는 현상이다. 그러므로 우리는 비평을 신중히 해야 한다. 그리고 더 나아가 비평하는 일을 자신의 인생에서 영원히 추방시켜야 한다.

습관을 점검할 것

얼마 전부터 왼쪽 팔꿈치가 이상하게 아파왔다. 그래서 의구심을 가지고 습관을 점검해봤다. 그랬더니 나는 왼쪽 팔꿈치가 아플 수밖에 없는 습관을 최근 지속적으로 행하고 있었다. 바로 주머니에 왼쪽 손을 넣고 컴퓨터로 인터넷 검색을 많이 한 것이었다. 그렇게 구부리고 한참을 있으니 당연히 왼쪽 팔꿈치가 아픈 것이었다. 그런데 처음에는 그 원인을 몰라서 팔꿈치에 병이라도 생겼나 하는 걱정을 했다. 습관을 점검하면 될 일이었는데 엉뚱한 생각을 한 것이었다.

게임을 좋아하는 남자가 매달 수십만 원어치의 게임 아이템을 산다면 어떨까. 분명히 그는 경제적으로 쪼들리게 될 것이다. 정해진 월급을 받는 그가 계속 그렇게 산다면 1년 안에 경제적으로 힘들어질 수밖에 없다. 그런데 그는 아직도 이렇게 말한다.

"왜 이렇게 늘 돈이 부족하지?"

자신의 습관이 그렇게 만들고 있는데 그 사실을 인식하지 못한 그는 답답한 삶을 살고 있는 것이다. 곁에서 그를 객관적으로 보는 사람 눈에는 그가 왜 경제적으로 힘든지 명확하게 꿰뚫어볼 수 있다. 하지만 물에 빠진 사람이 자신이 어떻게 해야 물에서 빠져나올지를 잘 모르는 것처럼 시궁창 속에 있는 그는 아직 자신의 현재 상태를 직시하지 못하고 있다. 습관을 점검하는 일은 긍정적인 사람이 매일 하는 일이다. 내가 어떻게 시간을 보내고 있는지, 내가 어떤 사람들을 만나고 있는지를 점검하는 것이 긍정적인 사람의 소일거리 중 하나다. 그래서 부정적인 습관이 자신을 망치지 못하게 한다. 게임 아이템을 사느라 월급의 절반을 날린 남자가 자신의 습관을 점검하게 되면 아이템을 사는 금액을 줄이거나 없앨 수 있을 것이다. 그러면 그는 경제적인 궁핍에서 해방된다.

강남에 사는 잘나가던 외국계 컴퓨터 회사에 다니던 40대 남자가 아내와 두 딸을 죽이고 도망치는 사건이 발생했다. 사건 발생 하루도 안 되어서 그는 지방의 야산에서 체포되었다. 그는 한때 정말 잘나가던 회사원이었다. 대학도 서울의 일류대 경영학과를 나왔고 강남에 수십억 원의 아파트도 자신의 명의로 소유하고 있었다. 그런 그가 실업자가 되어서 3년 동안 돈을 못 벌었다. 그리고 어느 날 가족을 죽인 엽기 살인범이 된 것이다. 이 사건의 이면에는 실패한 주식투자가 있었다. 나중에 밝혀진 사실이다. 잘못된 주식투자 습관 역시도 그에게 치명적인 독이 된 셈이다. 그는 왜 그런 삶을 살게 되었을까. 그가 자신의 습관을 날마다 점검했더라면 어땠을까. 단언컨대 만약 그가 자신의 습관을 매일 점검해왔다면 가족을 죽이고 자신마저 인생의 나락에 떨어뜨리는 죄를 짓지는 않았을 것이다. 자신의 습관을 점검하노라면 사람은 누구나 긍정적인 변화를 체험하게 되기 때문이다. 또한 위기를 어떻게 헤쳐나가야 할 것인가에 대한 해답을 얻을 수 있다.

습관이 인생이다. 인생은 습관에 의해 좌우된다고 해도 틀리지 않다. 어떤 습관을 지니고 사는가에 따라서 그 사람의 됨됨이가 결정된다. 훌륭한 습관을 지니고 사는 사람이 나쁜 인간이 될 가능성은 희박하다. 반대로 나쁜 습관을 지니고 사는 사람이 훌륭한 인물이 되는 것은 거의 불가능한 일이다. 그러므로 우리는 자신의 습관이 어떤가에 주의해야 한다. 습관에 대해 자만하는 것은 위험한 일이다.

"이 정도면 난 대충 괜찮게 살고 있는 거야."

이런 식으로 자신의 삶에 대해 대충 평가하는 것은 위험한 발상이다. 그대는 대충 살기 위해 이 세상에 태어난 존재가 아니다. 좋은 습관을 가지고 위대한 일을 하는 것이 그대가 이 세상에 온 목적임을 기억해야 한다.

인간은 자신의 습관에 대한 냉엄한 평가를 해야만 스스로 성장할 수 있다. 습관이 엉망인 채 무엇인가를 성공적으로 이룩하겠다는 건 말이 되지 않는 소리다. 바르지 못한 습관을 가지고 살면 다른 사람들이 그 습관을 교정시켜주기에 이른다. 나쁜 습관의 소유자들은 왜 다른 사람들이 자신의 삶을 간섭하는지 채 깨닫지 못한다.

"왜 이래라저래라 난리야?"

이렇게 자신의 나쁜 습관을 지적하는 사람에게 화를 낸다. 타인이 그대의 삶에 간섭하기를 원하는가? 국가 공권력이 그대의 신체를 구속하기를 원하는가? 그렇다면 나쁜 습관을 그대로 유지해도 상관없다. 하지만 그대 자신이 그대다운 삶을 자립적으로 살고자 한다면 반드시 습관의 혁명을 이뤄내야 한다. 긍정적인 사람은 늘 자신의 습관을 점검한다. 그것은 그들의 일상이다.

D씨는 자신이 요즘 들어 툭하면 화를 낸다는 걸 알아차렸다. 그는 늘 자신의 습관을 점검하는 긍정적인 사람이다. 원래는 매우 낙천적인 성격이었으나 몇 개월 전 친구에게 빌려준 돈을 영영 받을 수 없게 되

자 마음속에 분노가 생겨났던 것이다. 그의 친구는 파산신청을 하고 빈털터리가 되어서 그에게 빌려간 돈 수천만 원을 갚지 못하게 되었다. D씨는 자신이 잘못된 습관에 물들어가고 있음을 깨닫고 긍정적인 생각을 하기 시작했다.

"내가 그 돈을 빌려줄 때는 아마 이런 일이 있을 것을 예상하지 않았던가. 이런 위험을 감수하고라도 돈을 빌려줄 친구였으니 너무 아까워하지 말자. 어차피 돈이라 돌고 도는 것이니까."

이렇게 마음을 편히 가지고 화내는 습관을 버리고자 노력했다. 그러자 점점 화를 내지 않게 되었고 우울했던 마음도 훨씬 좋아졌다. 누구나 D씨와 같은 예기치 않은 불행을 맞이할 수 있다. 그럴 때 화를 내거나 우울해하는 등의 부정적인 습관에 빠지지 않도록 긍정하는 마음가짐이 필요하다. 만일 그런 부정적인 습관에 빠졌더라도 긍정적인 태도로 살면 좋은 습관을 되찾을 수 있다. 하루에도 수십 번씩 습관을 점검하는 것은 하루 세 번 양치질을 하는 일만큼, 아니 그 이상 중요한 일이다. 늘 자신이 어떤 습관을 가지고 살고 있는가에 대해 촉각을 세워 관찰해야 할 것이다.

유행을 따라 하지 않고 유행을 선도할 것

번화가를 걸어가다 보면 똑같은 옷을 입거나 신발을 신은 사람을 만날 수가 있다. 어떤 옷이 유행하면 그 옷을 무작정 따라 입는 사람들이 많다. 신발도 마찬가지고 책이나 영화도 그렇다. 한 드라마가 뜨면 거기에 출연한 배우가 입은 옷이며 액세서리가 유행하기도 한다. 심지어 탈옥수가 입었던 티셔츠가 유행한 적도 있다. 어떤 관객은 다른 사람들이 많이 본 영화라는 이유만으로 영화를 선택하기도 한다. 그렇게 본 영화는 과연 자신에게 얼마나 유익할까? 그런 식으로 본 책도 마찬가지다. 여러분도 그런 경험이 있을 것이다. 남들 다 보는 영화라는데 나만 안 보면 뭔가 뒤처지는 기분이 들어서 영화를 봤다가 괜히 봤다 싶은 적이 있었을 것이다.

유행하는 것에 휩쓸려서 자신의 호주머니를 여는 사람만큼 가벼운 영혼도 없다. 한때는 등골브레이커라고 해서 수백만 원대의 겨울 점퍼가 유행한 적이 있었다. 미국의 어느 청소년은 그런 점퍼를 입고 쌍둥이 형과 우범지대를 걸어가다 옷을 뺏으려는 자들에 의해 살해되기도 했다. 그 아이의 엄마는 힘들게 식당에서 일하면서 돈을 모아 그 옷을 아들에게 사주었다고 한다. 다른 아이들 다 입는 옷인데 우리 아들만 못 입으면 기죽을까 봐, 그렇게 사준 옷이 결국엔 아들의 생명을 잃게 만든 것이다. 유행은 상술에 불과하다.

과자를 팔기 위해 제과업체는 1년 중 하루를 무슨 데이라는 이름으로 만들어서 엄청난 이득을 얻었고, 수많은 의류업체들이 소비자들에게 이 옷을 안 입으면 당신은 시대에 뒤떨어진 사람이라는 유행 강박증을 심어주어서 알게 모르게 엄청난 이익을 챙겼다. 순진한 소비자들은 자신이 기업이 만든 유행의 희생양이라는 사실을 미처 감지하지 못한 채 소중한 자산을 유행을 따라가는 데 소비하는 것이다. 그런 희생양이 되어 가엾게 살겠는가.

"엄마, 친구들이 저 가방만 매. 나도 저 가방 사줘!"

어느 날 학교에서 돌아와 이렇게 조르는 아이를 둔 부모라면 단호하게 말할 줄 알아야 한다.

"애야, 친구들의 선택에 휘말리지 말고 네가 정말로 갖고 싶은 가방을 말하렴."

긍정적인 사람은 유행을 따라 하지 않고 유행을 선도한다. 나는 그런 사람이다. 난 다른 사람들이 맹목적으로 따라 하는 유행에 해당되는 것들에 현혹되지 않는다. 나는 긍정적인 사람이기 때문이다. 긍정적인 나는 유행을 스스로 창조한다. 외출을 할 때도 다른 사람들이 입지 않는 옷, 신지 않는 스타일의 신발을 오히려 더 입고 신어본다. 그러면 나의 독특함이 더 빛을 발한다는 사실을 잘 알기 때문이다. 개성 있는 사람이 성공하는 시대다. 모방하는 사람에게 점수를 후하게 줄 수 있겠는가. 자신만의 독특한 개성을 살리는 사람에게 아무래도 시선이 가는 건 인지상정이다. 모두가 빨강색 옷을 입는다고 해서 그대도 빨강색 옷을 입어야 한다는 강박관념을 버려라.

그대는 파랑색 옷을 당당히 꺼내 입는 용기를 지녀라. 같은 물결에 휩쓸려 가지 말고 자신만의 물결을 만들어라. 그것이 긍정적인 사람의 삶의 양식이다. 유행을 따라가지 못하면 시대에 뒤처진 것 같은 생각도 버려야 한다. 그건 다수의 보이지 않는 강요에 불과하다. 남들이 다 본 영화, 다 본 드라마, 다 본 책, 다 입는 옷, 다 신는 신발 등 유행하는 것들에 영혼을 맡겨서는 곤란하다. 유행은 반딧불 같은 것이다. 한때 반짝하고 사라지는 사회적 병리현상에 불과하다.

잠시 몇 년 전을 돌이켜보자. 한때 정말 불꽃처럼 유행하던 하얀 라면 열풍을 기억하는가. 빨강색 국물만 있던 라면 시장에 하얀 국물로 엄청난 센세이션을 일으키며 등장한 하얀 국물 라면의 인기는 정말 대단했다. 그 당시 사람들은 너도나도 하얀 국물 라면을 사먹기에 바빴다. 이유는 우선 남들이 많이 먹는 라면이기 때문이었다. 그러나 지금은 어떤가. 며칠 전 마트에 갔는데 하얀 국물 라면은 구석에 박혀 있었다. 이젠 유행이 지나서 퇴물취급을 받는 것이다. 유행은 이처럼 한 때의 영광에 불과하다. 그러므로 유행하는 것을 못 먹었다거나 못 입었다고 해서 상대적 박탈감을 느낄 필요가 전혀 없다.

유행을 따라가느라 바쁜 사람이 되지 말고 유행을 만드는 사람이 돼라. 명인은 자신의 작품에 대단한 자부심을 가지고 있다. 그래서 시대적 유행에 뒤떨어지는 것 같은 물건도 지극정성으로 만든다. 그들에게 유행은 먼 나라 이야기일 뿐이다. 고려시대에 만들어진 고려청자가 오늘날까지 세계인들에게 그 가치를 인정받는 건 유행했던 물건이라서가 아니다. 고려청자가 은은하게 뿜어내는 고혹적인 아름다움이 시대를 초월해 사람들을 감동시키기 때문이다.

진정한 유행품은 오래도록 사랑받는다. 한때만 반짝하고 사라지는 물건이 아닌 천년이 지나도 사람들에게 감동을 주는 물건을 만드는 것이 인생의 목표가 되어야 한다. 그렇게 하려면 우리는 긍정해야 한다. 긍정적인 사람이 되면 자신이 만들어낸 것들이 당장 인정받지 못한다고 해서 초조해하지 않고 강한 자부심으로 더 좋은 것을 만들기 위해 노력한다. 그리고 결국엔 스스로 유행을 선도하는 사람이 되어 많은 이들에게 유익한 영향을 끼치게 되는 것이다. 그런 사람이 만든 유행은 한때의 유행이 아니라 오래도록 인간에게 감동을 선물하는 고결한 유행이다.

섣부르게 단정하지 않을 것

남편이 아내를 폭행해 뇌사상태에 이르게 한 일이 일어났다. 평소에는 금실이 좋아 보였던 부부의 일에 동네 사람들은 모두들 놀라워했다. 남편이 아내를 폭행한 이유는 아내가 바람을 피운다는 것이었다. 그런데 어처구니없게도 그것은 남편의 오해에서 비롯된 일이었다. 남편은 뒤늦게 후회했지만 이미 사랑하는 아내는 심각한 상해를 입은 후였다. 어떤 일에 대해 섣부르게 단정 짓는 사람은 위의 사건에 등장하는 남편처럼 평생을 후회할 일을 만들 수 있다. 무엇인가에 대해 섣부르게 단정 짓는 것은 그만큼 위험한 일이 아닐 수 없다.

섣부른 단정은 평범한 학생을 성폭행범으로 만들기도 한다. 어느 도시에서 벌어진 이 사건은 진범이 붙잡힌 후에도 학생에게 큰 상처로 남았다. 그 학생은 세월이 흘러 청년이 되었지만 이미 성폭행범으로 낙인찍혀버려서 취업하기도 힘들었고 무엇보다 심각한 정신적 손상 때문에 제대로 된 삶을 살기가 어려워진 상태다. 사법부의 섣부른 단정으로 억울하게 누명을 쓴 사람이 한둘이 아닌 것이다. 최근 중국에서는 수십 년 전에 열아홉의 어린 나이로 살인범으로 몰려 억울하게 사형당한 사형수의 가족에게 5억을 배상하는 일이 벌어지기도 했다. 그렇지만 소중한 생명이 5억에 다시 살아날 수 있는 것은 아니다.

조급한 사람이 섣부른 단정을 짓는 것은 당연한 일이다. 그렇다면 왜 조급증이 생기는 걸까. 그것은 부정적인 생각이 그 사람의 행동 전반을 지배하기 때문이다. 아내의 외도를 의심하는 남편의 마음속에는 온통 이런 부정적인 생각이 가득하다.

'아내가 오늘은 붉은색 립스틱을 발랐어. 남자가 생긴 건 아닐까.'

'갑자기 늦게 귀가하는 걸 보니 틀림없이 남자를 만난 것 같아.'

한없이 이런 부정적인 생각을 되새김질하니까 더 조급해진다. 그리고 그 조급증은 급기야 의처증이 되어버리고 만다. 수사를 하는 경찰이 섣부르게 단정 짓는 습관을 가지고 있는 사람이라면 어떤가. 몇 개의 정황증거만을 가지고 한 사람을 범죄자로 만드는 일이 생길 수밖에 없을 것이다. 긍정은 이런 조급한 마음을 잔잔하게 만드는 치유제이다. 긍정적으로 생각하면 무엇을 그렇게 조급히 생각할 필요성을 못 느끼게 된다. 긍정하는 사람은 행동 패턴이 여유로워지고 모든 것에 너그러워지기 때문이다.

선부르게 단정 짓고 싶다는 욕망이 생긴다면 자신이 지금 부정적인 상태라고 봐도 좋다. 부정적인 사고는 생각의 길을 어둡게 만든다. 그래서 어둠 속에서 보는 것들을 보고 판단하는 실수를 범하게 되는 것이다. 불이 밝혀지면 꽃인데 어둠 속에서 보는 꽃은 보고 있는 사람의 판단에 따라 꽃이 아닌 것이 될 수 있다는 뜻이다. 그러므로 우리는 늘 긍정적인 생각을 할 수 있도록 자신을 단련시켜야 한다.

생각의 힘은 무한하다. 한 연구 결과에 따르면 운동하는 상상을 하는 것만으로도 근육이 단련된다고 한다. 이 사실은 무엇을 의미하는가. 긍정적인 생각을 함으로써 우리의 삶이 행복해지고 성공적으로 변화될 수 있다는 의미다.

오늘 그대에게 눈엣가시처럼 걸리는 누군가가 있다면 그에 대해 섣부른 단정을 짓지는 않았는가 되돌아보라. 너무 빨리 한 사람에 대해 부정적인 낙인을 찍는 것은 당사자에게도 참 억울한 일이다. 알고 보면 내면이 정말 착한 사람인데 섣부른 단정으로 그것을 보지 못한 채 그 사람에 대한 이미지를 부정적으로 가지게 되었다면 서로에게 슬픈 일이다. 사람이 미워진다면 그 사람의 문제가 아니라 자기 자신의 섣부른 단정에서 비롯된 현상이다. 그 무엇이든 섣부르게 단정하지 않도록 조심해야 한다. 섣부른 단정으로 인해 충분히 극복할 수 있는 문제를 미궁으로 빠뜨릴 수도 있기 때문이다.

긍정적인 사람은 너그럽고 관대하며 여유롭다. 절대로 섣부르게 사물을 단정하지 않는다. 모 항공사의 오너가 기내에서 승무원에게 무릎을 꿇고 사과를 하라고 소리를 지른 일이 벌어졌다.

"야, 넌 너무 호박같이 생겼어. 빨리 사과해!"

상식적으로 납득이 되질 않는 상황이지만 승무원은 을의 입장인지라 어쩔 수 없이 무릎을 꿇고 사과를 할 수밖에 없었다.

"죄송합니다. 제가 호박같이 생겨서."

오너 가족은 비행기에 탄 사람들을 하나의 기물로 본다고 한다. 사람을 사람으로 보지 않고 기물로 보는 사람에게 긍정이 있겠는가. 긍정적인 사람이라면 절대로 호박같이 생겼다는 이유로 자신 회사에서 일하는 승무원을 그렇게 모욕적으로 대하진 않았을 것이다. 그들은 섣부르게 인간을 판단했고 그로 인해서 자신의 얼굴에 스스로 먹칠을 하고 만 것이다. 그런 오너에게 존경을 표할 사람은 아무도 없다.

마음을 가라앉히고 자신이 지금 무슨 말을 하려고 하는지 점검해야 한다. 자신이 지금 무슨 행동을 하려고 하는지도 역시 점검해야 한다. 그렇지 않고 섣부른 단정에서 비롯된 말과 행동을 하게 된다면 돌이킬 수 없는 비극이 벌어질지도 모르는 일이다. 긍정적으로 생각하면 마음이 평온해진다. 밉다고 생각했던 사람이 긍정적인 시야를 가지고 바라보면 그래도 사랑할 만한 사람이 되는 것이다.

아무도 미워하지 말고 어떤 일에도 비관하지 말라. 만일 그대가 지금 누군가에게 원한을 품고 있다면 그건 섣부른 단정에 의한 것이다. 만일 그대가 어떤 일에 맞닥뜨려서 비관론에 휩싸여 있다면 그것 또한 섣부른 단정에 의한 것이다. 긍정적인 생각으로 다시 한 번 그 사람을 바라보고 다시 한 번 그 사건을 들여다보면 미움도 사라지고 비관도 어느덧 없어질 것이다.

잠을 잘
잘 것

유난히 걱정이 많은 날, 그대는 아마 새벽녘까지 잠을 이루지 못한 적이 있을 것이다. 신기하게도 평소에는 그렇게도 쏟아지던 잠이 걱정 근심이 있는 날은 아무리 자고 싶어도 잠이 오질 않는다. 자려고 하면 할수록 정신은 점점 또렷해지고 부질없는 상념들이 떠오르기 때문이다. 걱정 근심 등의 부정적인 생각들은 우리의 신체를 비정상적으로 만드는 주범이다. 스트레스는 만병의 근원이라는 것을 모르는 사람이 어디 있겠는가.

잠을 잘 자지 못한 다음 날 몸 상태는 충분히 잠을 잔 다음 날의 몸 상태와 완전히 다르다. 그만큼 수면의 질이 중요한 것이다. 긍정적인 사람은 잠을 잘 잔다. 왜 그런지 이유를 한번 따져본다면 이러하다. 긍정적인 사람은 걱정 근심을 하지 않으므로 잠드는 일이 쉽다. 또 긍정적인 사람은 잠에 대해서 긍정하므로 잠드는 일에 연연하지 않는다. 예를 들어 이런 것이다. 평소보다 잠이 잘 오지 않을 때 부정적인 사람은 그 사실 자체에서 스트레스를 받는다.

"왜 이렇게 잠이 안 오지? 아 짜증나. 빨리 잠들어야 내일 제시간에 출근하는데."

이러면 어떻게 될까. 정말 이상하게도 더 잠이 안 오는 현상이 발생하게 된다. 잠을 자야 한다는 압박감이 오히려 독이 되어서 아예 잠을 잘 수 없게 만들어버리는 것이다. 사람은 긴장을 하면 혈관이 수축하고 정신 역시도 경직된다. 긴장하면 손발이 차가워지는 건 그래서이다. 긴장으로 유연한 사고, 원활한 혈액순환이 되지 않게 되어 불면증이 더 깊어지는 것이다. 그렇다면 긍정적인 사람은 똑같은 상황에서 어떻게 말할까. 긍정적인 사람은 다른 날보다 잠이 오지 않는 밤이면 이렇게 말한다.

"오늘은 잠이 잘 안 오네. 잘됐다. 이참에 보고 싶던 책이나 영화를 봐야겠어."

이렇게 하면서 아무런 근심 걱정 없이 보고 싶었던 책이나 영화를 보는 것이다. 그러면 어떻게 될까. 책을 다 읽기도 전에, 영화를 다 보기도 전에 잠에 스르르 빠져드는 마법이 일어나게 된다. 그 이유는 잠들어야 한다는 압박감이 없는 상태에서 자신이 좋아하는 일을 하게 되면 혈액순환이 잘되고 사고도 유연해지기 때문이다. 부드럽게 풀린 혈관 속으로 따뜻한 피가 잘 흐르고 막힘 없고 넓은 생각으로 잠의 터널로 깊이 빠져들게 된다. 이것이 긍정적인 사람이 잘 자는 이유다.

역으로 말하자면 잠을 잘 자는 사람이 긍정적이라고 할 수 있다. 수면은 긍정의 힘으로 그 질이 결정된다. 잠을 잘 자는 사람은 마음이 편안한 사람이다. 마음이 불안한 사람이 잠을 잘 잘 수는 없는 노릇이다. 초조해하고 남을 증오하는 사람이 잠을 잘 잘 수 있을까? 내일 일이 걱정되고 미래가 불안한 사람이 잠을 잘 잘 수 있을까? 이런 모든 부정적인 것들을 한꺼번에 물리치기 어렵다면 우선 잠을 잘 자는 것을 실천해보라. 이것은 약간의 순서를 변화시키는 것이다. 긍정하면 잠이 잘 오지만 그게 힘든 사람은 잠을 잘 자는 것으로 긍정을 키울 수 있다는 뜻이다.

웃으면 엔도르핀이 나온다. 그런데 웃기가 힘든 사람들이 있다. 그 사람들을 대상으로 실험한 결과 억지로 웃는 연습을 해도 스트레스가 풀리고 엔도르핀이 생성된다는 사실이 밝혀졌다. 이것을 수면에도 적용하는 것이다. 긍정할 수 없다면 잠을 잘 자라. 그러면 긍정적인 사람이 될 수 있는 길에 한 발짝 가까워진다.

잠을 잘 자려면 어떻게 해야 할까? 첫째, 오늘 무슨 일이 있었는지 생각하는 일을 중단하라. 잠들기 30분 전에는 일상에서 벌어진 갖가지 상념들을 멈춰야 한다. 그리고 온전히 정신을 비워라. 정신의 고요 속에 머물러라. 책을 읽거나 음악을 듣거나 영화를 봐도 좋다. 그러나 그것들에 너무 영혼을 뺏기지는 말라. 가벼운 마음으로 즐기되 너무 빠져서 정신을 혼란스럽게 하지 말라는 말이다.

둘째, 즐거운 상상을 하라. 잠을 자면 즐거울 거야. 이렇게 말하는 것만으로도 잠을 잘 수가 있다. 잠들어서 무서운 꿈을 꿀지, 즐거운 꿈을 꿀지 모르지만 일단 잠을 자면 재밌는 꿈을 꿀 것이라고 예상하라. 그러면 어쨌든 잠드는 일이 쉬워진다.

셋째, 자신을 자랑스러워하라. 잠들기 전에 자기 자신을 어여쁘게 여겨라. 정말 사랑스럽고 대단한 존재가 잠자리에 누워 있다고 생각하라. 그러면 저절로 부정적인 생각들이 물러나게 된다.

얼굴은 창백하고 다크서클이 턱밑까지 내려온 김 과장이 투덜거린다.

"아, 어젯밤에 잠을 못 잤더니 너무 피곤해."

"과장님, 무슨 걱정 있으셨어요?"

미스 리가 안타깝다는 눈빛으로 김 과장에게 묻는다.

"어떻게 알았어? 다음 주에 있는 회의 때문에 이것저것 생각하느라."

김 과장은 그 후로도 계속 며칠 동안 잠을 이루지 못했다. 그렇게 해서 회의 당일 김 과장의 컨디션은 엉망이 되었다. 애써 준비했던 자료도 깜박 잊고 집에 놔두고 왔고 자신이 말하고자 하는 바도 제대로 말하지 못하는 등 실수를 연발했다. 김 과장의 문제는 무엇일까? 김 과장에게 무슨 일이 벌어지고 있는 걸까? 그대는 이미 눈치챘을 것이다. 김 과장은 자신을 신뢰하지 못했다. 그가 자신을 긍정적으로 생각하고 신뢰했다면 회의 때 잘못할까 봐 걱정을 하지 않았을 것이고 잠도 잘 잤을 것이기 때문이다.

엄청난 일이 그대를 기다리고 있더라도 걱정할 것 없다. 잠을 잘 자면 다 해결될 것이다. 잠을 잘 자는 사람이 피부도 곱지 않은가. 피부에만 잠이 소중한 것이 아니다. 정신에게도 잠은 보약인 것이다. 피로를 풀고 충분히 잠을 자게 되면 정신적 혼란도 어느덧 정리되는 것이 인간이다. 그러므로 그대여, 모든 근심을 내려놓고 푹 자라. 이것이 그대의 임무다. 자고 일어나면 모든 일이 잘 풀리게 되어 있음을 믿어도 좋다.

고요히 생각할 것

우주에서 찍은 평화로운 지구의 사진을 본 적이 있을 것이다. 그러나 가까이 들여다보면 무척이나 위험하고 소란스러운 세상이다. 엊그제도 인간으로서 감히 상상하기도 싫은 인질사건이 발생했다. 40대 남자가 가출한 부인의 전남편 집에 찾아가서 전남편과 막내딸을 살해한 사건이 발생한 것이다.

전날 밤에 신분을 위장해 집에 침입한 인질범은 전남편을 먼저 살해하고 동거녀와 딸 둘을 인질로 잡고 경찰과 다음 날까지 대치했다. 언론에서는 인질들의 안전을 위해 자세한 생중계를 자제하였다. 그러나 불행하게도 특공대의 진압작전이 끝나고 드러난 현장상황은 처참했다. 원래는 딸 둘만 인질로 있는 줄 알았는데 전남편과 동거녀 등 모두

네 명의 인질이 있었던 것이다. 그중에 두 명은 이미 사망한 상태였다. 경찰은 사건의 중대함에 의거해 피의자의 얼굴과 신원을 전격적으로 공개했다. 전문가들은 이 뉴스를 심층적으로 분석하고 있는 중이다.

"일반적인 사람으로서는 저지를 수 없는 극악한 범죄행위인데요, 전문가께서는 이 사건을 어떻게 보십니까?"

그러자 전문가라고 지칭된 사람이 안경을 고쳐 쓰며 심각한 표정으로 말한다.

"이 사건을 저지른 범인은 사이코패스가 확실합니다. 소시오패스가 자신의 죄를 알고 대체로 인정하는 반면 사이코패스는 자신의 죄를 전혀 인정하지 않고 오히려 책임을 다른 사람에게 전가하거든요."

모든 국민이 범인이 사이코패스인지 소시오패스인지 굳이 알 필요는 없을 것이다. 하지만 이 점은 모두들 공감한다. 범인이 조금만 더 차분히 자신이 하는 행동의 위험성을 생각해보았더라면 좋았을 것을. 그가 그런 행동을 하기 전에 조금이라도 자기 자신의 성난 마음을 달랠 수 있었다면 좋았을 것을. 그러나 인질범은 안타깝게도 분노에 가득 찬 자신을 다스리지 못했다. 이렇듯 여기저기서 흉흉한 사건들이 발생하고 서민들의 삶은 갈수록 힘들다. 이렇게 어려운 시기에는 혼자서 고요히 생각하기도 더 어렵다.

삶이 소란스러울수록 자기 자신만의 시간을 가져야 한다. 그 시간은 바로 치유의 시간이다. 고요히 생각하는 시간을 가지는 사람과 그렇지 못한 사람은 분명 차이점이 있다. 고요히 생각하는 시간을 충분히 가지는 사람은 흉흉한 사건, 경제적 곤란, 갖가지 인간관계 등을 앞에 두고도 요동치지 않는다. 그 모습은 마치 굽이치는 풍랑을 만나도 중심을 잃지 않는 한 척의 배와 같을 것이다. 그럴 수 있는 힘을 고요히 생각하는 동안에 얻었기 때문에 자신을 온전히 지탱할 수 있게 되는 것이다.

왜 고요히 생각하는 시간이 그런 힘을 만들어주는 걸까. 그 이유는 이렇다. 사람은 고요히 생각할 때 자신이 구현할 수 있는 최고의 이상향을 발견하게 된다. 가장 행복한 자아가 되려면 어떻게 해야 하는지를 깨닫게 되는 것이다. 그런데 이런 고요한 생각의 시간을 갖지 못한다면 어떻게 되겠는가. 날마다 자신의 정신을 이것저것에 탕진하게 되고 자신이 진정 행복해지는 방법에 대한 해답을 못 구하게 될 것이다. 그렇게 사는 사람은 결국 정신적으로나 신체적으로 탈진할 수밖에 없다.

긍정적인 사람은 고요히 생각하는 것을 좋아한다. 집에서나 바깥에서나 그런 시간을 얼마든지 만든다. "시간이 없어서."란 변명은 절대하지 말라. 그건 변명을 위한 변명에 불과하다. 정말 직장에서 할 일이 많고 집 안에 가족들이 많아서 자신만의 시간을 낼 수 없다고 하더라도 잠들기 전, 잠에서 깨어날 때, 화장실에 갈 때, 이동 중인 차 안에서 나만의 시간을 가질 수 있다. 이런 자투리 시간을 이용하라. 그렇게 하면 얼마든지 자신만의 온전한 고요함에 빠져들 수 있다.

그런데 정말 이런 시간도 내기 어렵다면 몇 초라는 시간이라도 고요함에 정신을 맡겨도 좋다. 나는 이 방법을 자주 애용한다. 글을 쓰다가 잠깐 5초 정도 눈을 감고 고요히 생각한다. 드라마를 보다가도 7초 정도 눈을 감고 고요히 생각한다. 가끔은 길거리를 걸어가다가도 멈춰서서 몇 초 동안 고요히 생각한다. 그러면 그 몇 초 동안의 고요함이 하루를 보다 행복하게 만들어준다. 한껏 예민해져 있던 신경세포가 잠잠해지고, 우울했던 마음이 따뜻하게 데워지기도 한다.

이런 기적은 단 몇 초 동안의 고요함이 준 선물들이었다. 몇십 분을 고요함에 빠져들어도 좋고 시간이 없다면 단 몇 초만이라도 고요함에 빠져들어 보자. 이 방법은 그대의 긍정성에 활활 불을 지펴줄 것이다. 이렇게 1년을 살고 평생을 산다면 그 사람의 삶이 얼마나 행복해질 것인지 상상만 해도 흐뭇하다.

누구든 귀하게 여길 것

엊그제 몇 년 동안 잘 쓰던 지갑이 해져서 최근에 새로 생긴 팬시점에 간 적이 있다. 그곳에는 생활에 필요한 여러 가지 물건들이 많아서 지역 주민들이 많이 애용한다. 지갑에서부터 각종 문구들 그리고 화장품과 액세서리 등이 있는 팬시점은 규모가 꽤 크다. 그날도 여러 명의 손님들이 물건을 고르고 또 계산하느라 북적였다. 나 역시도 가게에 들어가 앞으로 나와 함께할 지갑을 신중히 고르고 있었다. 그런데 계산대 쪽에서 제법 큰 소리가 들렸다.

"왜 사람 차별하는 거요?"

한 중년의 아주머니가 화가 단단히 난 듯 계산대에 있는 주인에게 따지고 있었다.

"무슨 차별을 했다고 그러세요?"

"아니 내가 먼저 계산해달라고 이렇게 물건을 앞에 놓아두었는데 왜 이 사람부터 해주냐고요?"

그러고 보니 중년의 아주머니는 굉장히 초라한 행색이었다. 며칠째 머리를 감지 못한 건지 원래 머릿결이 그런 건지 헝클어진 머리와 남루한 옷이 왠지 노숙자 같기도 했다. 그녀가 고른 건 천 원짜리 양말 한 켤레였다. 그 곁에는 굉장히 화려한 옷차림을 한 여인이 거만하게 웃고 있었다. 그녀가 골라온 건 꽤 값나가는 물건들이었다. 누가 봐도 여인은 돈이 많은 사람처럼 보였다.

"아무나 먼저 해주면 뭐 어때서 그래? 제 거 얼른 계산해주세요, 바쁘니까!"

그러자 주인은 당연하다는 듯 화려한 옷차림을 한 여인이 골라온 물건들을 먼저 계산해주었다. 여인이 나가고 나서도 한참 동안이나 남루한 행색의 아주머니는 화를 냈다.

"이렇게 하면 이 가게 망할 줄 알아요. 사람 차별하면서 장사하고 그러면 못써!"

주인은 그런 여인을 대수롭지 않은 물건을 취급하듯 쳐다보면서 아랫사람에게 대하는 태도로 이렇게 말했다.

"알았으니까 그냥 나가세요. 나도 당신한테 물건 안 팔아요."

결국 양말 한 켤레를 골랐던 아주머니는 양말을 사지 않고 그냥 가게를 나갔다. 나는 괜히 그 아주머니에게 미안해졌다. 왜 가게 주인은 두 사람을 대하는 태도가 달랐던 걸까.

우리는 이런 광경을 심심찮게 목격한다. 겉으로 보이는 모습을 보고 사람을 판단하고 대우하는 경우가 우리 사회에서는 종종 있는 일이기 때문이다. 이렇게 사람을 자신의 기준으로 차별적으로 대하는 것은 긍정적인 사람의 태도가 아니다. 저 사람은 예쁘니까 더 잘해주어야지, 저 사람은 못생겼으니까 잘해줄 필요 없어, 저 사람은 돈이 많으니까 특별히 잘 대우해야 해, 저 사람은 돈도 없는 가난뱅이니까 신경 쓸 것도 없어. 이런 식의 사고방식을 가진 사람은 매우 부정적인 사람인 것이다.

그렇게 부정적인 마인드를 가진 채 인간관계를 하다 보면 언젠가는 자신이 그런 대우를 받게 되는 날이 오고 만다. 그것은 마치 예견된 재앙과 같은 일이다. 긍정적인 사람은 인간을 차별하지 않는다. 누구든 귀하게 여기는 것이 긍정적인 사람의 태도다. 타인을 귀하게 여기는 사람은 말을 함부로 하지 않는다. 같은 말이라도 어떻게 하느냐에 따라서 듣는 사람이 행복해질 수도 있고 불행할 수도 있는 법이다.

넌 바보야, 이 말을 성질이 난 상태에서 해보라. 그럼 듣는 사람은 정말 자신이 바보 취급 받았다고 느끼고 분개할 것이다. 하지만 넌 바보아, 이 말을 굉장히 사랑스러운 톤으로 부드럽게 하면 듣는 사람은 웃음을 짓게 될 것이다. 사람을 귀하게 여기면 말투부터 변하게 된다. 상대방을 가볍게 여기는 사람은 말투도 거칠다. 그러나 상대방을 귀하게 여기는 사람은 말투부터 따스하다.

자신을 다른 사람이 어떻게 대해주기를 원하는가. 왕이나 여왕처럼 귀하게 여겨준다면 싫다는 사람은 아마 없을 것이다. 그러나 하인이나 노예처럼 함부로 대한다면 버럭 화를 낼 사람은 많다. 하지만 자신은 귀하게 대접받기를 바라는 마음이면서 다른 사람을 대하는 태도는 그와는 정반대인 사람이 있다. 그들의 마음속에는 부정이 가득하다. 인간에 대한 부정, 정체성에 대한 부정, 인격에 대한 부정, 사랑에 대한 부정, 존중에 대한 부정 등. 이러한 수많은 부정성이 자신의 성격을 황폐화시켰음을 그들은 알아야 할 것이다.

만일 자신이 그런 부정성이 가득한 사람이었다면 지금부터라도 달라져야만 한다. 늦지 않았다. 달라져라. 우리는 긍정하기 위해 존재한다. 긍정적인 태도로 삶을 변화시켜 좀 더 성숙한 인간이 되어가는 것이 진정한 성장이다. 부정적으로 사람을 평가절하하지 말라. 누구도 우리 마음대로 평가절하해도 마땅한 사람은 없다. 그 대신 누구라도 사랑받을 자격은 충분하다. 이 점을 기억해야 한다.

사람을 귀하게 여겨라. 싸구려 옷을 입고 누추해 보이는 사람에게도 왕을 대하듯 공경하는 태도를 보여주어라. 거짓과 위선이 아닌 진정성 있는 존경을 보여라. 사랑하는 마음으로 그를 위한 언어를 구사하라. 그가 행복하기를 바라는 마음으로 그를 대하라. 그렇다고 해서 비싼 옷을 입은 부유해 보이는 사람에게 함부로 대하라는 것은 아니다. 그에게도 똑같이 그대가 자신을 왕처럼 대한다는 느낌이 들게 대우하라.

가난하다고 해서, 부자라고 해서 차별할 필요가 없다. 인간은 누구나 평등한 존재임을 한시도 잊지 말라. 그러므로 자신을 비롯한 모든 인간을 고귀하게 여겨야 한다. 이렇게 사람을 귀하게 여기고 행동하게 되면 인생의 질이 변할 것이다. 그동안은 이 사람, 저 사람 가려가면서 대우하느라 꽤 피곤했을지도 모르지만 이젠 모두 같이 귀하게 여기고 대하니까 머릿속이 청명해지고 단순해지기 때문이다.

죽음을 두려워하지 않을 것

대도시의 어느 아파트에서 대형화재가 일어났다. 지하 주차장에 세워져 있던 오토바이에서 발화한 불은 순식간에 10여 층의 아파트 두 동을 불태워버렸다. 불길을 피해 아파트 주민들은 옥상으로 올라가기도 했고 소방 헬기까지 출동해서 구조작업을 펼쳤다. 실로 엄청난 연기가 도시를 뒤덮었다. 이 사고로 5명이 사망하고 100여 명이 부상을 당했다. 그런데 처음에는 사망자가 4명이었다. 며칠이 지난 후에 다섯 번째 사망자가 나왔는데 그 사연이 사람들의 마음을 아프게 하였다.

다섯 번째 사망자는 이제 겨우 스물네 살의 여자였다. 그녀가 구조될 당시 그녀의 품에는 다섯 살짜리 아들이 안겨 있었다. 다섯 살 아들은 엄마가 필사적으로 불길을 막아줘 다행히 큰 부상을 입지 않았다. 그러나 엄마는 그 엄청난 불길을 온몸으로 막아내려다 전신화상을 입었던 것이다. 처음에는 의식이 어슴푸레 있었지만 열흘 가까운 시간이 지나면서 점점 의식을 잃고 결국 숨지고 만 것이다.

스물네 살의 어린 엄마는 고아였다. 어린 시절 입양되었지만 파양까지 당한 슬픈 과거를 지닌 그녀는 어떤 남자를 만나 사랑을 했고 아들을 낳았다. 하지만 그 남자는 무책임하게 그녀와 아들을 버리고 떠나갔고 그녀는 미혼모가 되어 홀로 아파트에서 아들을 키우면서 살았던 것이다. 그런 그녀가 이 세상에 단 하나뿐인 혈육인 다섯 살 아들을 남기고 하늘로 떠났다. 그녀는 죽음을 두려워하지 않고 아들을 살리기 위해 노력했다. 사랑하는 아들을 위해서라면 목숨을 잃는 것도 개의치 않았던 것이리라. 이 사연을 들은 많은 이들이 그녀의 명복을 빌어주었다.

"하늘나라에서는 부디 외롭지 마세요. 그곳에서 가여운 아들을 지켜주세요."

죽음 앞에서도 두려워하지 않는 정신은 이처럼 강한 사랑에서 나온다. 그렇다면 이렇게 급박하거나 특별한 상황이 아니어도 죽음에 대한 두려움을 떨칠 수 있다면 얼마나 삶이 평온해질까 생각해보라. 인간은 죽음을 본능적으로 두려워한다. 죽은 자의 모습을 보는 것조차도 금기시하는 것이 이 사회다. 자신이 사는 동네에 화장장이나 납골당이 들어선다고 하면 기를 쓰고 반대한다. 그러한 시설은 마치 지구상에 절대로 있어서는 안 될 최고의 혐오시설인 것처럼 결사반대한다. 그러나 그러한 행동은 자신 역시도 언젠가는 죽음을 맞이할 것이라는 우주법칙을 이해하지 못한 데서 기인한 행동일 뿐이다.

우리는 누구나 죽는다. 우리는 누구나 이 세상에서 사라진다. 그러나 사라지는 것은 육체일 뿐이다. 두려워하지 말라. 우리의 육체가 사라진다는 것에 너무 큰 의미를 두어서는 안 된다. 왜냐하면 우리는 육체만으로 구성된 존재가 아니기 때문이다. 우리는 위대한 정신의 집합체이다. 육체는 우리의 정신과 영혼이 잠시 머무는 곳이다. 죽음은 육체가 그 기능을 멈출 때를 의미한다. 그러나 진짜 죽는다는 건 육체가 아닌 정신이 죽음에 이르렀을 때이다. 몸은 건강한데 정신이 썩은 사람이 어디 한둘인가.

어떤 한의사는 환자들을 치유한다는 명목으로 여자 환자들을 성폭행해 검거되기도 했다. 그는 살아 있지만 정신이 죽은 사람임에 틀림없다. 시신을 보고 고개를 가로젓는 건 다시 생각해볼 일이다. 육체가 썩은 모습을 보고 무섭고 끔찍해할 것이 아니라 정신이 썩은 인간을 보고 끔찍해해야 한다. 여러분은 육체적인 죽음을 두려워하는 사람이 되지 말고 정신이 죽는 사람이 되는 걸 두려워해야만 한다.

이러한 생각의 전환은 긍정에서 시작된다. 긍정적인 사람은 죽음에 대해서 그리 큰 두려움을 갖지 않고 산다. 긍정은 무한대로 정신이 비상하는 상태다. 긍정적인 사람은 육체라는 틀에 갇히지 않는다는 뜻이다. 그래서 몸이 아파도 정신은 더욱 건강해지고 몸이 사망선고를 받아도 새롭게 거듭난 존재가 되어 우주의 일원이 되는 것이다. 그러나 부정적인 사람은 육체에 더 머물려고 애쓴다. 어떻게 해서든 많은 돈을 모으고 어떻게 해서든 호화롭게 육체를 치장한다. 하지만 그들은 육체라는 틀에 갇힌 채 결국 함께 죽고 마는 것이다.

죽음을 무서워하는 건 그만큼 자신의 육체에 연연한다는 증거다. 그렇지만 그건 허망한 짓이다. 모든 육체는 결국 한낱 먼지가 될 것이기 때문이다. 우리가 의지할 수 있는 것은 오직 정신이다. 긍정적인 정신만이 우리가 안식할 수 있는 곳이다. 그러므로 죽는다는 것에 대해 슬퍼하지 말라. 죽음에 대한 두려움을 떨쳐내게 되면 하루가 더욱 활기차질 것이다. 오늘 당장 죽어도 괜찮다는 생각이 있으니 어떤 것이든 두렵지가 않기 때문이다. 그리고 다른 사람의 죽음에 대해서도 의연하게 받아들일 수 있는 마음이 생기게 된다.

"엄마, 아직도 엄마가 돌아가셨다는 게 믿어지지가 않아요. 하지만 전 알아요. 죽는다는 건 육체적인 종말을 의미할 뿐, 우리의 정신과 영혼은 더욱 성장하고 고양되는 과정이라는 것을요. 그래서 엄마의 정신과 영혼도 지금 더 좋은 곳에서 더 행복하게 지내고 계시리라는 것을 알아요. 저도 언젠가는 엄마처럼 육체의 허물을 벗게 되겠죠. 그때까지 열심히 살겠습니다. 많은 이들에게 위로가 되는 좋은 책을 쓰는 작가로서 최선을 다하겠습니다. 저는 슬퍼하지 않고 절망하지 않아요. 죽음을 두려워하지 않으니까요."

난 가끔 먼저 가신 엄마를 떠올리면서 이렇게 말한다. 그러면 힘이 나고 용기가 생긴다. 가족을 잃었다고 해서 비탄에 빠져야 한다는 어떤 규칙이 있는 건 아니다. 오히려 그렇게 삶을 팽개치고 비탄에 빠져 자신을 방치하는 건 먼저 간 가족에게 미안한 일이다. 죽은 자에 대해서 말하는 것이 마치 몹쓸 것들을 만지는 것처럼 금기시하는 것은 옳지 않다. 죽음을 맞이하는 건 누구나 동등하다. 다만 그 시기가 다를 뿐이다. 그러므로 죽은 자나 산 자나 모두 동일하게 편하게 대하라.

먼저 세상을 떠난 가족에 대해서 말하는 걸 금기시하는 가족이 있다고 하자.

"아빠가 보고 싶어."

얼마 전 교통사고로 세상을 떠난 아빠를 떠올리며 막내딸이 그렇게 말하자 갑자기 집 안 분위기가 싸늘해진다.

"너 뭐 먹고 싶다고 했지? 치킨? 피자?"

엄마는 그렇게 갑자기 화제를 전환한다. 오빠도 거든다.

"송이야, 우리 놀이공원 갈래? 오빠가 맛있는 거 사줄게."

그러자 송이는 소리 내서 크게 울고 만다.

"다들 왜 그래? 나만 아빠 보고 싶어 하는 거야? 아빠도 우리 가족이었잖아. 돌아가시면 더 이상 우리 가족이 아닌 건 아니잖아."

엄마와 오빠는 송이의 마음을 헤아려주어야 한다. 그들은 지금 자신의 감정을 속이고 있는 것이다. 죽은 자든 산 자든 동등하게 편하게 대하는 것은 스스로를 위로하는 치유법이다. 그리고 그렇게 할 수 있는 선행조건은 바로 죽음을 두려워하지 않고 터부시하지 않는 긍정의 자세에서 시작된다. 죽음은 나쁜 것이 아니다. 죽음은 더러운 것도 아니고 금기시해야 하는 어떤 것도 아니다. 우리가 아침에 일어나서 세수를 하고 밥을 먹듯이 죽음은 자연스러운 과정의 일부일 뿐이다. 죽음에 대한 막연한 공포를 버려라. 그리고 자신의 삶에서 죽음을 친구처럼 받아들여라. 편안하게, 자연스럽게, 그렇게.

부정적인 느낌을 잘 잊을 것

대인관계를 하다 보면 유독 거슬리는 사람이 있기 마련이다. 음식도 알레르기 반응을 일으키는 음식이 있듯이 사람도 알레르기 반응을 유발하는 사람이 있는 것이다. 뭔가 소화되지 않은 음식이 배 속에 가득한 것처럼 답답하고 가까이 가면 숨이 막힐 것 같은 사람 말이다. 그런 현상이 일어나는 원인은 간단하다. 바로 그 사람에 대해 자신이 부정적인 느낌을 갖고 있기 때문이다. 그러므로 원인은 그 사람이 아니라 자기 자신의 태도였던 것이다.

어렸을 때 나도 그런 사람을 만난 적이 있다. 그 시절의 나는 아직 인격이 덜 완성된 단계였으므로 긍정적인 자세 또한 많이 부족했다.

사춘기여서 더욱 그랬는지도 모르지만 매사에 부정적인 느낌을 잘 가졌다. 나를 더욱 부정적인 느낌에 사로잡히게 만든 그 사람은 내가 아르바이트를 하던 가게의 직원이었다. 알바생인 나에게 딱히 뭐 나쁘게 대한 것은 아닌데 난 그 사람만 보면 괜히 기분이 나빠졌다.

'오늘은 제발 나에게 말을 걸지 말았으면.'

이런 마음을 가질 정도로 그 사람에 대한 부정적인 느낌이 강했다. 지금에 와서 곰곰이 생각해보니 뚜렷한 이유 없이 난 그 사람을 싫어했다. 그런 부정적인 느낌을 가지고 아르바이트를 했으니 일하는 시간이 즐거웠을 리가 없다. 결국 난 예정보다 빨리 그 일자리를 그만두게 되었다. 부정적인 느낌을 가지고 살면 자기 자신도 불행해지고 상대방도 불행해진다. 우리는 서로에 대한 부정적인 느낌을 한시라도 빨리 잊어야 하는 것이다. 왜? 행복은 부정적인 사람에게 머무르지 않는 밝고 긍정적인 기운이기 때문이다.

긍정적인 사람은 부정적인 느낌을 잘 잊는다. 제아무리 초긍정주의자도 사람인지라 부정적인 느낌이 수시로 찾아온다. 그것은 이 세계에 존재하는 생명체가 공기를 호흡하고 물을 마시는 것과 같은 이치다. 어쩔 수 없이 부정적인 느낌과 대면하게 될 때 긍정적이지 못한 사람은 어떻게 하는가. 스펀지가 물을 흡수하듯 그들은 부정적인 느낌을 그대로 자신의 몸과 영혼에 빨아들인다. 그리고 그것에 정복되고 만다. 그러나 긍정적인 사람은 그렇지 않다. 어쩔 수 없이 부정적인 느낌이 자신을 찾아와도 그들은 금방 그것을 잊어버린다. 이것을 나는 의도적인 기억의 삭제라고 말하고 싶다.

두뇌활동을 활발히 하는 사람은 치매에 걸릴 확률이 그렇지 않은 사람보다 낮다는 연구 결과가 많다. 긍정적인 사람이 되는 길도 그러하다. 끊임없이 자신을 부정적인 느낌으로부터 구원해내려는 노력을 해야만 한다. 마치 교통사고로 온몸이 마비되었던 환자가 각고의 재활훈련을 받아 다시 걷고 뛰는 과정처럼 긴 여정을 통과해야 한다. 그 길은 분명 만만치 않은 길일 것이다.

그러면 빠르게 부정적인 느낌을 지워내는 방법은 무엇일까. 그 방법은 자신이 얼마나 긍정적인 사람인지를 깨닫는 것이다. 예컨대 K라는 사람을 볼 때마다 부정적인 느낌이 든다면 자신이 인간에 대한 지극한 사랑을 가지고 있는 긍정적인 존재라는 걸 다시금 각성하면 된다. 그리고 사람이 아닌 상황에 대해 부정적인 느낌이 들 때는 자신이 살아 있음에 대해 얼마나 감사하는지를 다시금 깨달으면 된다.

항상 부정적인 느낌을 지니고 산다면 그 삶은 매우 피곤할 것이다. 우울증은 기본이고 다양한 심혈관계 질환과 정신질환, 각종 암 등에 노출될 위험이 크다. 그러므로 여러분은 부정적인 느낌을 최대한 빨리 정리해야 한다. 친구들과 대화를 하다가도 유독 화를 잘 내는 사람이 있다. 여행 장소를 의논하는 자리에서 한 친구가 이렇게 말한다.

"너희들끼리만 의논하고 나만 쏙 빼놓고 뭐 하는 거냐?"

이 친구는 부정적인 느낌을 지워내지 못하고 늘 지니고 사는 친구다. 얼굴은 늘 그늘져 있고 표정은 늘 울상이다. 그런 친구를 보는 다른 친구들도 기분이 우울해질 지경이다. 그는 대화 도중에 이렇게 혼자서 화를 잘 낸다. 그러면 다른 친구들 역시도 그의 부정적인 느낌에 자신도 모르게 물든다.

"야, 우리가 언제 너만 쏙 빼놓고 의논했다고 그러냐? 저번에 분명히 이야기해줬는데 네가 깜박했잖아. 정말 이상한 애네."

이렇게 조금씩 흥분하는 것이 바로 부정적인 느낌에 감염되고 있다는 신호다. 이럴 때는 즉시 마음을 가다듬어야 한다. 친구가 오해를 해도 부정적인 느낌에 사로잡혀서는 안 된다. 인간은 소통하는 능력이 있다. 어떻게 해서든 오해를 풀고 좋은 관계로 만들기 위해서 노력하면 된다. 어조는 최대한 자제력을 지닌 침착한 어조로 말해야 한다.

"잘 생각해봐. 기억이 안 난다면 다시 말해줄게. 얼마 전에 우리가 이곳으로 여행가기로 했었잖아. 그런데 지금 그곳 날씨가 급격히 악화되었대. 여행 장소를 다른 곳으로 바꾸는 게 어떠니? 너도 동의한다면 좋겠어. 네 의견은 어때?"

이렇게 상대를 존중하면서 침착한 어조로 말하면 부정적인 느낌에 감염되지도 않고 이미 부정적인 느낌에 빠진 상대방도 구할 수 있는 것이다. 누군가 그대를 기분 나쁘게 해서 기분이 나쁘다면 그 느낌을 잊어라. 누군가 그대를 화나게 해서 화가 머리끝까지 난다면 화난 느낌을 잊어라. 누군가 그대를 슬프게 해서 지금 정말 슬프다면 슬프다는 느낌 자체를 잊어라. 누군가 그대를 모욕해서 지금 굉장히 치욕스럽다면 치욕스럽다는 느낌을 잊어라. 그 시간은 짧을수록 좋다. 최선을 다해 부정적인 느낌을 잊는 것은 자신을 위한 최선의 투자다.

지금의 자신을 사랑할 것

화염상모반이 얼굴의 절반 이상을 뒤덮은 여인이 자신의 콤플렉스를 딛고 강연가가 되고, 세 손가락의 소녀가 유명한 피아니스트가 되었다. 교통사고로 하반신이 절단된 사람이 철인3종 경기를 소화하고, 안과질환으로 시력을 잃은 개그맨이 시력을 잃기 전보다 더 활발하게 봉사활동을 한다. 이들은 어떤 공통점을 지녔는가. 그들에게 공통적으로 있는 강점은 바로 긍정이다. 긍정이 있었기 때문에 자기 자신을 사랑하였고 자기 자신을 사랑했으므로 모진 시련 앞에서도 절망하지 않았다.

내가 살았던 고향은 풍광이 수려한 어촌마을이다. 어촌이라고 하지만 우리집은 언덕 위쪽에 있어서 바닷가는 멀리 아스라이 보였다. 물고기를 구경하려면 바닷가까지 한참을 걸어가야만 했다. 열 몇 살의 나는 아주 까만 소녀였다. 날마다 친구들과 산으로 들로 놀러다니다 보니 얼굴이 새까맣게 탈 수밖에 없었다. 지금도 생각하면 가슴이 설레는 고향. 그 고향마을에는 한쪽 손이 없는 아주머니가 홀로 살았다. 아주머니는 원래 누구보다 건강한 사람이었지만 경운기가 논바닥으로 전복되면서 한쪽 손을 잃게 된 것이었다. 그 후로 아주머니는 왼쪽 손을 잃고 살아야만 했다.

"애들아, 이리 와서 미숫가루 한잔씩 마셔라."

우리가 더운 여름날 땡볕에서 놀다 지쳐서 집으로 돌아가려고 신작로를 걷고 있을 때 신작로 옆집에 살던 한쪽 손 아주머니는 그렇게 우리들에게 미숫가루를 주셨다. 하지만 그때 우리는 철이 없었다.

"저 아줌마, 손 한쪽이 가짜래."

"정말?"

"응. 와 무섭다. 우리 얼른 도망가자."

이렇게 철없는 초등학생인 우리들은 아주머니의 부름을 마다하고 도망치고 말았다. 아주머니는 늘 활동적이었다. 한쪽 손이 없으면 사람이 좀 움츠러들고 창피해질 것만 같은데 전혀 안 그랬다. 그래서 마을 사람들은 점점 아주머니를 더 좋아하게 되었다. 시집온 지 두 해 만에 남편을 잃고 하나뿐이던 아들도 홍역으로 잃은 아주머니는 혼자 살았지만 자신의 처지를 비관하지 않고 긍정적인 마음가짐을 지녔기에 동네 사람들 모두 친구가 되었다. 지금 아주머니는 이 세상에 안 계시다. 내가 나이를 먹는 동안 아주머니도 나이를 드셨고 할머니가 되셨다가 하늘나라로 떠나셨기 때문이다. 하지만 나는 지금도 가끔은 한쪽 손으로 반갑게 인사하던 아주머니를 떠올린다.

'내가 만약 그런 처지였다면.'

미숫가루를 타서 지금 다시 아주머니가 우리들을 부른다면 사십이 넘어서 철이 단단히 든 우리들은 반갑게 달려갈 텐데. 너무 늦었지만 지금이라도 그 미숫가루를 맛있게 마시고 싶은 마음이 든다. 아주머니는 유명한 사람도 아니고 평범한 시골 아낙네였다. 그런 그녀였지만 그 어느 성인군자보다 더 위대한 삶을 살았다. 내가 보기에 그녀는 어떤 유명인사보다도 더 찬란한 인생을 사셨던 것이다. 한쪽 손을 잃어 불구가 되어버린 자신을 부끄러워하지 않고 끝까지 사랑한 사람, 얼마든지 자신의 처지를 원망하고 삶을 포기할 수 있었음에도 인생을 기꺼이 즐길 줄 알았던 사람이었다.

그대는 어떤가. 지금 자기 자신을 사랑하는가. 대한민국 국민의 행복도가 세계 최저 수준이라는 것은 공공연한 사실이다. 그렇다면 그 행복의 척도란 도대체 무엇일까. 어떤 척도로 사람들은 자신이 행복하다, 불행하다고 판단하는 것일까. 대부분의 사람들이 행복의 척도로 경제적인 것을 꼽고 있다. 그리고 환경적인 요인도 꼽는다.

"난 돈이 없어서 불행해."

"난 태어날 때부터 거지같은 집구석에서 태어나서 불행해."

이런 식으로 자신의 처지를 비관하면서 스스로 불행을 자초한다. 그러나 진정한 행복은 마음에서 우러나온다. 그리고 또한 긍정에서 비롯된다. 자기 자신의 모든 것을 사랑할 줄 아는 사람만이 진정한 행복을 맛보게 되는 것이다. 자신을 있는 그대로 사랑한다는 건 쉬워 보여도 어려운 일이다.

만일 자신이 다른 사람보다 열등한 신체를 가지고 있다면 그대는 자신을 사랑할 수 있겠는가. 남들은 다 가지고 있는 두 다리가 없어도 자신을 사랑할 수 있겠는가. 남들은 다 보는 세상을 볼 수 없는 눈을 가지고 있어도 자신을 사랑할 수 있겠는가. 또 남들보다 열악한 환경에서 살아간다고 하면 자신을 사랑할 수 있겠는가. 더 구체적으로 다른 사람들은 모두 가지고 있는 스마트폰을 그대만 못 쓴다고 하면 어떤가. 남들은 다 굴리고 다니는 자가용이 없다면 어떤가. 그런데 이런 식으로 생각하면 문득 이런 깨달음이 들 것이다. 다른 사람과 자신의 처지를 비교하는 순간 부정적인 감정이 밀려든다는 것.

확실하게 깨달아라. 타인이 지닌 것과 자신이 지닌 것을 비교하지 말라. 과거의 자신과 지금의 자신도 비교하지 말라. 비교하는 순간 인간은 괴로움의 덫에 걸리게 되어 있다. 물론 지금의 자기 자신을 사랑하는 일도 힘들어진다. 남들이 무엇을 가지고 있든 그것은 그들의 것이다. 신경 쓰지 말라. 과거의 그대가 무엇을 어떤 것을 소유했든 그건 과거일 뿐이다. 지금이 중요하다. 지금 자신에게 있는 것, 지금 자신이 살고 있는 곳, 지금 자신이 하고 있는 일, 그것에 집중하라. 그것이 긍정이다. 그렇게 하면 순수한 자신을 발견하게 될 것이다. 그 어느 것에도 때 묻지 않고 열정적인 자신을 만나게 될 것이다.

한쪽 손이 없어도 두 다리가 없어도 두 눈이 없어도 괜찮다. 지금 살아만 있다면 괜찮다. 자기 자신이 이 세상에서 가장 멋지고 아름다운 사람임을 잊지 말라. 지금 있는 그대로의 자신을 사랑하라. 긍정적인 마음으로 자신에게 주어진 것들을 감사하라. 모든 명작은 자신을 믿고 사랑하는 사람이 만든 것이다. 위대한 존재가 되는 길은 멀리 있지 않다. 긍정적인 마음으로 지금의 자신을 사랑하면서 꿈을 이루어나가는 것이다. 그러면 세상에서 가장 빛나는 사람이 될 수 있다.

3

Part

슬퍼하지 않고 생각의 뿌리를 키우기

적대적 관계에 있다면

1947년 UN은 팔레스타인의 땅을 이스라엘에게 넘겨주었다. 팔레스타인은 이를 받아들일 수가 없었다. 그들은 그곳에서 2000년 동안이나 생활해왔기 때문이다. 반면 이스라엘인들도 자신들의 땅이라고 주장한다. 이렇게 서로가 한 치의 양보도 없이 자신들의 땅이라고 주장하면서 관계는 더욱 악화되었다. 제4차 중동전까지 무려 네 차례나 전면전을 치렀지만 아직도 두 나라의 대립은 지속되고 있다. 수많은 어린이들이 적국의 총에 죽어갔고 어른들도 무참하게 살해되었다. 이스라엘과 팔레스타인은 현재 진행 중에 있는 적대적 관계인 것이다.

1950년 6월 25일 새벽, 북한의 남침으로 시작된 6·25전쟁은 남과 북을 갈라놓았다. 1953년 7월 27일까지 무려 3년 1개월 동안 지속된 전쟁은 엄청난 인명피해를 가져왔다. 국군의 피해는 전사 14만 7000여 명, 부상 70만 9000여 명, 실종 13만 1000여 명 등 모두 합해 98만 7000여 명에 이르렀다. 민간인의 피해도 엄청났다. 피학살자 12만 8936명, 사망자 24만 4663명, 부상자 22만 9625명, 피랍자 8만 4532명, 행방불명 33만 312명, 의용군 강제징집자 40만여 명, 경찰관 손실 1만 6816명 등 140여만 명이다. 이것은 북한 30년사에 기록된 내용들로 그 당시의 처참한 상황을 여실히 보여주는 증거다. 남과 북은 전쟁 이후로 삼팔선을 경계로 나뉘어져 적대적 관계를 유지하고 있는 중이다.

적대적 관계란 무엇인가. 서로의 생명을 위협하는, 그래서 절대로 용서할 수 없고 받아들일 수도 없는 관계다. 이런 관계는 비단 나라와 나라 만에 국한된 것은 아니다. 일반사회에서도 얼마든지 적대적 관계는 있다. 평범한 개인이 국가 간의 적대적 관계에 어떤 막강한 영향력을 발휘하기는 어렵다. 그가 UN 사무총장이나 대통령이 아닌 이상, 국가 간의 적대적 관계를 뚜렷하게 개선시킬 수는 없을 것이다. 그렇지만 사회생활을 하면서 적대적 관계를 맺고 있는 사람과의 관계는 얼마든지 변화시킬 수 있다. 긍정만 있다면 누구라도 자신의 적대적 상황을 개선시킬 수 있는 것이다.

바람직한 긍정법은 적대적 관계에서도 어김없이 발휘될 수 있다. 또한 우리가 긍정을 공부하는 이유 중 많은 부분을 차지하는 것이 바로 적대적 관계를 해소하는 방법을 찾는 것이다. 인간관계를 맺다 보면 의도치 않았음에도 적대적 관계를 형성하게 되는 사람들이 몇몇 있다. 그리고 한번 적대적인 관계가 되면 그것을 되돌리기가 쉽지 않은 것도 사실이다. 그 까닭은 적대적 관계가 만들어주는 분위기 때문이다.

일단 어떤 사람과 적대적 관계가 되면 암묵적인 공포 분위기가 조성된다. 그 공포란 것은 겉으로 드러난 표면적인 공포에만 한정되지 않는다. 내면의 공포가 더욱 무서운 것이다. 내면에서 상대방을 두렵게 여기게 되고 그러한 두려움은 분노로 발전하고 더 나아가서는 증오가 된다. 이런 양상은 적대적 관계가 해소되지 않는 이상 계속 반복 순환되게 된다.

어느 중소 도시에 식당을 운영하는 두 사람이 있었다. 한 명은 골목 안쪽에서 30년을 넘게 갈비집을 운영해온 사람이고, 한 명은 최근에 새롭게 갈비집을 오픈한 사람이다. 그런데 두 사람은 그야말로 앙숙이다. 만나기만 하면 얼굴을 붉히고 사람들에게 서로를 헐뜯기 바빴다.

"저기 김씨네는 갈비도 신선하지 않은 것 가져다 써. 그러니까 거기 가지 말라니까."

터줏대감처럼 갈비집을 운영해오던 박씨로서는 어느 날 갑자기 최신 인테리어를 한 갈비집을 오픈한 김씨가 원수 같았다. 김씨네 갈비집이 생기고부터 손님이 절반 이상으로 줄었기 때문이다.

“정말이에요? 어쩐지 그 집 갈비 색깔이 좀 이상하더라고요.”

사실 확인되지도 않은 말이었지만 동네 사람들은 박씨의 말을 믿을 수밖에 없었다. 그렇게 헛소문을 퍼뜨리고 다니자 김씨도 가만히 있지만은 않았다. 김씨는 박씨를 명예훼손으로 고소하였고, 두 사람은 경찰서에서 조사를 받기에 이르렀다. 기소는 되지 않았지만 김씨와 박씨는 적대적인 관계에서 헤어나오지 못한 채 아직도 서로를 향해 으르렁대고 있다. 그런데 최근에 새로운 갈비집이 또 생겼다. 그 가게가 생기자 두 사람의 갈비집을 찾던 손님들이 그 집으로 발길을 돌렸다. 손님들은 두 사람의 가게에 갈 때마다 가게 사장의 얼굴에서 뭔가 불길한 느낌을 받았었다.

“박 사장, 표정이 영 안 좋아. 김 사장네하고 소송까지 하고 그런다더니 안색이 험악해졌더라고.”

“그래요. 김 사장도 마찬가지더라고요. 가게만 가면 박 사장 험담을 어찌나 늘어놓던지 정말 듣기 안 좋더라고요. 마침 잘됐네요. 이젠 두 사람 눈치 볼 것 없이 새로 생긴 갈비집에 가면 되니까요.”

손님들의 이런 반응을 두 사람은 알고 있는지 모를 일이다. 이 두 사람이 적대적 관계를 풀지 않는다면 얼마 남지 않은 손님들마저도 잃을 가능성이 높다. 왜냐하면 적대적 관계는 주변 사람들마저도 불안하게 만들기 때문이다.

이 두 사람이 자신이 적대적 관계의 중심에 있음을 안 순간 이렇게 긍정해보았다면 어땠을까.

"박 사장이 요즘 심기가 불편한가 보군그래. 그럴 만도 하지. 자신이 30년 넘게 이곳에서 자리를 잡고 있었는데 내가 들어와서 많이 신경 쓰일 거야. 오늘 저녁엔 밥이라도 사주면서 마음을 달래주어야겠군."

김사장은 자신이 이곳에 들어와서 심기가 불편해 있을 박 사장을 긍정적인 자세로 이해한다. 이런 김 사장에게 박 사장이 계속 어깃장을 놓기는 어려울 것이다. 설령 그렇더라도 최소한 두 사람은 적대적 관계에서 벗어날 수 있다. 적대적 관계는 한쪽에서 그걸 거부하게 되는 순간 사라지게 된다. 양측 모두가 죽을 만큼 상대방을 미워하고 복수의 칼날을 가는 것이 적대적 관계이기 때문이다.

적대적 관계에서의 긍정은 어렵지 않다. 자신이 만약 적대적 관계에 놓여 있다면 그러한 관계가 설정되는 것 자체를 거부하라. 긍정으로 상대방을 바라보는 것이다. 정말 원수처럼 여길 수밖에 없는 사람이라도 긍정이라면 적이 아닌 동지로 만들 수 있음을 기억해야 한다.

소원한 관계가 있다면

고독한 노인들이 점점 늘고 있다. 젊은 시절 자식들을 위해 전력을 다한 노인들은 지금 열 명 중 여덟 명 이상이 자식들과 떨어져 살고 있는 실정이다. 굳이 자식과 같이 살아야 행복한 건 아닐 것이다. 오히려 자식과 함께 살지 않음으로써 더 행복한 노인도 있다. 그렇지만 그중에 많은 노인들은 자식들과 소원해지면서 알게 모르게 고통받고 있다.

이처럼 관계가 소원해지면서 겪는 괴로움은 비단 노인에게만 한정된 것이 아니다. 사회적으로 고립된 사람들은 자신이 다른 사람들과 소원한 관계에 있다고 생각한다. 친구나 가족들이 자신에게 전혀 관심이 없다고 느끼면서 극도의 외로움을 느낀다. 젊은 사람들도 노인들만큼 소원한 관계로 인해서 힘든 것이다.

소원한 관계에서도 긍정은 그래서 필수적이다. 만일 어떤 사람이 자신이 다른 사람들로부터 배척받고 있다고 생각한다면 그는 소원한 관계에서의 긍정법을 몰라서 고통스러워하는 중이다. 가족들이 자신을 멀리하고 연락도 하지 않는다고 불만을 토로하는 사람이 있다.

"나만 빼놓고 자기들끼리만 연락하고 그렇더라니까. 형제자매도 다 소용없어. 가족도 소용없고 다 필요 없어."

이렇게 가족들과의 소원한 관계를 원망만 하면서 그는 여전히 먼저 가족들에게 연락을 하지는 않는다. 소원한 관계에서의 긍정법은 먼저 손을 내미는 용기를 가지는 것이다. 자식들로부터 방치된 노인이 소원한 관계의 희생양이라고 생각한다면 그렇게 될 수밖에 없다. 자식들이 자신에게 연락을 하지 않는 것을 원망하지 않고 먼저 자식들에게 연락하는 용기를 발휘하는 태도는 소원한 관계를 긍정적으로 풀어가는 사람이다. 당연히 자식들이 이럴 수는 있다.

"왜 연락하셨어요? 전 당신 같은 아버지 필요 없습니다."

과거의 불성실한 아버지의 태도로 단단히 화가 난 자식이 이렇게 매몰차게 대한다면 자신이 왜 이런 대답을 듣는지 이해해야 한다. 그는 젊은 시절 가정을 등한시하고 밖으로만 돌아다녔을 것이다. 그렇다면 그 순간에도 긍정해야 한다.

"미안하다. 내가 이제야 철이 들었구나. 그때는 정말 내가 가족의 소중함을 몰랐었다. 이제라도 우리 부자지간의 정을 나누자. 나를 용서하렴."

이렇게 진심으로 자신의 과오를 사과할 줄 아는 것이 긍정하는 사람의 자세다. 부모라고 해서 무조건 자식 앞에 대단한 존재로 서 있어야만 하는 건 아니다. 부모도 사람이고 실수도 할 수 있는 존재다. 그리고 그러한 일을 반성하고 사과할 줄 아는 부모가 자식으로부터 사랑받을 수 있는 것이다. 관계가 소원해진다는 건 양측 모두의 잘못이다. 특히 가족 간의 소원함은 가족 자체의 결속력을 약화시키고 가족애마저도 사라지게 만든다. 만일 자신의 가족이 소원해진 상태라면 자존심을 따지기 이전에 먼저 나서서 연락하는 자세가 필요하다.

긍정적인 사람은 쓸데없는 자존심을 세우지 않는다. 가족 간에는 더욱 그러하다. 친구 간에도 그러하고 넓은 의미로 보면 모든 인간관계에서 자존심을 세우는 자세는 매우 불합리한 자세다. 그건 소모적이고도 부정적인 태도다. 그러므로 소원한 관계를 풀어가려면 자신의 내면을 억누르고 있던 쓸데없는 자존심을 치워버려야 한다.

누구나 소원한 관계를 지니고 산다. 모든 사람들과 다 원만한 관계를 지니고 있는 사람은 드물다. 저 사람은 뭔가 껄끄러워, 그렇지만 꼭 같이 해야만 하는 사이인데. 이러면서 고민해본 적이 한 번은 있는 것이다. 그렇게 된 것은 자신 안에 그동안 자신도 모르게 웅크리고 있던 쓸데없는 자존심 때문은 아닌지 살펴봐야 한다.

“내가 먼저 연락하면 상대방이 나를 우습게 여기거나 가볍게 여기지 않을까.”

이러면서 소원한 관계를 풀어갈 열쇠를 꺼내는 걸 망설이는 사람들이 많다. 그렇지만 그건 지나친 기우다. 소원한 관계에 빠진 상대방 역시도 똑같은 생각을 하고 있기 때문이다. 이럴 때 긍정하는 사람은 먼저 열쇠를 꺼내 자물쇠를 풀 수 있다. 쓸데없는 자존심을 버리는 걸 망설이지 않기 때문이다.

상하관계에서 긍정하기

상사에게 받은 스트레스 때문에 한강에 투신자살한 회사원이 있었다. 그에게 회사는 자신의 꿈을 펼칠 인생의 무대가 아니라 지옥이었던 것이다. 그래도 막상 당사자가 아니라면 그가 얼마나 많이 상사 때문에 괴로워했는지 알 수는 없을 것이다. 상하관계에서의 긍정이 필요한 까닭은 무엇일까. 투신자살한 그 회사원에게 그런 지혜가 있었다면 지금 그는 명랑하게 잘 지내고 있을 것이다. 긍정으로 생명이 연장되었을 것이기 때문이다. 긍정은 죽을 수도 있는 사람을 살리고 죽어가는 사람도 살릴 수 있다.

최근 어느 나라에서 200살 가까이 살 수 있는 신약을 개발하고 있다는 뉴스를 접했다. 그러나 300년을 살면 무엇 하겠는가. 상하관계에서 오는 스트레스 때문에 하루하루가 괴롭다면 그건 사는 게 아니라 죽어가는 것이다.

살다 보면 반드시 윗사람이나 아랫사람과 부딪칠 수밖에 없다. 학교에서는 선후배가 있고 직장에서도 마찬가지며 군대도 다르지 않다. 이런 상하관계는 가정에도 있다. 부모와 자식이 있고 형제지간에도 형과 동생이 있으며 자매지간에도 언니와 동생이 있다. 이렇게 본다면 사람은 자고 일어나면 끊임없이 상하관계에 있는 사람들과 마주치고 있다고 해도 과언이 아니다.

스트레스를 다스리지 못해서 극단적인 선택을 한 사람들은 자신이 얼마나 무모한 짓을 저지르는지 당시에는 알지 못한다. 이성을 마비시킬 정도로 강력한 분노가 폭발하기 때문이다. 그런 폭발적 분노로 자신을 해치거나 다른 사람을 해치게 된다. 의무반이라는 고립된 상황에서 지속적으로 폭력을 당한 병사가 총기를 난사하는 사건이 발생했다. 그는 상사의 무차별적인 언어폭력과 신체적 학대 속에 방치된 것이었다. 그러나 그가 마지막에 선택한 총기 난사는 자신은 물론 그 누구에도 이익이 되질 않는 행동이었다. 그럴수록 그에게는 긍정이 필요했던 것이다.

상하관계에서 우리는 주로 상사의 억압적 행동에 스트레스를 받게 된다. 상사의 위치에 있는 사람은 자신도 모르게 아랫사람을 무시하게 되는 경향이 있다. 그건 그의 본성과는 별 관계가 없다. 본성이 매우 선한 사람도 때론 그런 태도를 나타내기 때문이다. 이런 불합리적인 상하관계에서 자신이 피해를 입는 입장에 처해 있다면 긍정의 마음을 지녀야 한다.

위에 잠시 언급한 군대 내에서 가혹행위를 당하고 있는 병사의 입장이라면 어떻게 긍정을 해야만 할까. 자신을 도와줄 사람은 아무도 없고 하소연할 곳도 없는데 말이다. 언뜻 보기에 병사는 앞뒤가 꽉 막힌 상자 속에 갇힌 것처럼 보인다. 그에게는 빛이라고는 절대 찾아올 것 같지가 않다.

그러나 잠시라도 부정의 기운을 걷어내고 긍정의 기운을 빌려 생각해본다면 이 지옥 같은 상황도 영원하지는 않다는 것을 알게 될 것이다. 그는 제대를 앞두고 있다. 조금만 참으면 되는 것이다. 그렇다. 어떤 악몽도 평생 꾸지는 않는 법이다. 기억하라. 그대가 지금 죽도록 힘들다면, 그것도 상사나 아랫사람의 건방진 태도나 무례한 행동으로 화가 난다면 이 순간이 찰나임을 명심해야 한다.

"그래. 이 시간은 영원하지 않아. 지금 이렇게 괴롭더라도 조금만 참으면 분명히 좋은 날이 올 거야."

이것이 가혹한 운명에 맞선 인간이 읊조려야 할 긍정의 주문이다. 마치 거인처럼 버티고 서서 자신을 괴롭히고 있는 상사도 머지않아 늙고 병들어 죽을 인간이다. 시건방지게 대들고 깝죽거리는 아랫사람도 머지않아 늙고 병들어 죽을 가엾은 존재다. 그러므로 그들을 진정 가엾게 여길 수 있는 아량을 길러야 한다.

누구도 미워하지 않게 마음을 너그럽게 가져야 할 것이다. 상사라고 해서 별스런 사람은 아니다. 그도 그렇게 행동하는 동안 그리 행복하지는 않다. 부하 직원에게 화를 내고 돌아서서 이렇게 말하는 상사는 없기 때문이다.

"저 녀석에게 화를 내고 나니 기분이 무척 상쾌하군. 난 정말 행복해!"

아무리 사람을 미워해도 그 사람에게 화를 내고 욕을 하고 나서 행복한 기분을 느끼는 사람은 없다. 오히려 그런 순간이 지나면 괜히 얼굴이 화끈거리기 마련이다.

"조금 참을걸. 내가 너무 심했나."

자신이 아랫사람이라면 윗사람의 기분을 이해하려고 노력해야 한다. 만일 윗사람이라고 해도 그와 똑같은 태도가 필요하다. 단지 몇 년 몇 달 일찍 사회생활을 시작했다고 해서 자신보다 지위가 낮은 사람을 무시해서는 곤란하다. 세월의 깊이가 더해질수록 현명한 인간은 겸손해진다. 그러나 비천한 인간은 세월의 깊이가 더해질수록 그 추잡한 면모가 극에 달한다.

자신과의 관계를 긍정하기

프랜차이즈 죽집을 10년간 운영해오던 K씨는 최근 본사로부터 계약해지 통보를 받았다. 회사의 명예를 실추시켰다는 것이다. 그러나 계약해지의 근원적인 이유는 바로 회사의 이익 창출이었다. 새로운 가맹점을 만듦으로써 그만큼 가맹비를 비롯한 각종 비용을 뽑아낼 수 있었기 때문이다. K씨는 법적으로도 뾰족한 수가 없었다. 원래 계약이 10년이었기 때문이다.

계약해지 통보를 받은 뒤 회사와는 연락이 단절되었다. 그는 자신과의 싸움에 빠져들었다. 즉 긍정과 부정의 싸움이다. 긍정은 비록 가게 문을 닫더라도 더 열심히 다른 일을 찾아서 하면 될 것이라는 것이었고, 부정은 나는 이제 망했다는 절망적인 생각이었다. 그는 어떻게 살아야 할까.

자영업자든 직장인이든 생계를 위협받는 일이 발생할 확률은 많다. 그러면 사람들은 자신과의 관계를 재정립하는 계기를 맞이하게 된다. 긍정적인 관계를 이어나가든지 아니면 부정적인 관계를 형성해나가든지 하는 것이다. 자신과의 관계 확립에서 부정적인 관계에 접어들게 되면 인생이 꼬이는 건 시간문제다.

얼마 전 맥도날드 할머니라는 분이 인터넷을 달궜다. 그 할머니는 명문대 출신인 엘리트였지만 노후에는 햄버거 가게를 드나들다가 쓸쓸히 생을 마감했다. 물론 그녀의 삶이 불행했다고 볼 수는 없다. 어쩌면 할머니는 자신과의 관계에서 긍정을 택한 분일 수도 있다. 다시 말해, 모두가 실패한 사람이라고 손가락질하는 처지가 되었지만 고상하게 살아가면서 인생을 마무리한 긍정을 택한 것이다.

가장 기초적인 관계인 자기 자신과의 관계를 긍정으로 이끌지 못한 사람이 다른 사람과의 관계를 좋게 만들 수는 없다. 이런 엄마가 있다고 해보자. 엄마는 늘 불만이 많다. 자기 자신의 삶에 불만이 가득한 것이다. 그래서 매일 술을 입에 달고 산다. 그녀의 하루 일과는 술을 마시는 것에서 시작해 술을 마시는 것으로 끝난다. 초등학생과 중학생인 두 딸이 학교에서 돌아와도 밥을 챙겨주지도 않는다. 이런 상태의 엄마가 가정을 화목하게 만들 수는 없을 것이다. 딸은 이런 엄마를 보면서 이렇게 넋두리할 것이다.

"엄마, 제발 술 좀 그만 마셔요. 왜 스스로를 학대하세요."

자신과의 관계를 잘못 맺는 사람은 자신을 학대하고 방치하기 쉽다. 왜냐하면 그는 자존감이 현격하게 낮은 사람일 가능성이 높기 때문이다. 자존감이 높다는 건 그만큼 자신을 긍정한다는 의미다. 자기 자신을 사랑하고 자기 자신을 믿어라. 자신이야말로 이 세상에서 가장 중요한 존재라는 명제에 동의하라.

모든 관계의 첫 출발점은 자기 자신이다. 그래서 우리는 자기 자신과의 관계를 긍정적으로 맺어가야 한다. 자신을 자랑스러워하고 자신을 사랑할 줄 아는 사람이 되어야 하는 것이다. 그렇지만 자신과의 관계를 긍정하는 것은 그리 쉬운 일만은 아니다. 평탄한 길만 걸어가면 좋겠지만 인생이 그렇지 않은 것이 진실이다. 굴곡진 길을 직면하게 될 때야말로 어쩌면 인간은 자신과의 관계를 가장 확실히 재정립할 기회를 얻는 셈인지도 모른다.

알코올의존증에 빠진 아내를 둔 김모 씨는 얼마 전 아내를 병원에 입원시켰다. 그의 아내가 처음부터 그런 사람은 아니었다는 것을 그는 잘 안다. 그의 말을 잠시 들어보자.

"아내도 결혼 초에는 참 열심히 사는 사람이었죠. 시부모도 공경할 줄 알고 가정에 충실하고 자신의 일도 억척스럽게 해냈죠. 그런데 제가 사업이 실패하고 형편이 어려워지자 사람이 변하기 시작했어요. 집안일도 모두 팽개치고 스스로를 포기한 사람처럼 매일 저렇게 술만 마십니다."

그렇다. 그의 아내는 처음에는 보통 사람이었던 것이다. 우리가 말하는 폐인들도 알고 보면 처음에는 다 정상적으로 생활하던 정상인이었었다. 그런데 어떤 계기로 자신과의 관계를 정립하는 데 실패해 삶이 엉망진창이 되어버렸다. 부정적으로 생각하면 작은 사고도 인생 전체를 흔들 대형사고로 발전시키게 된다. 그래서 술에 의존하게 되고 도박에 의존하게 된다. 삶을 피폐하게 만드는 것은 어떤 사건이나 타인이 아니라 자기 자신이다. 그것을 명심해야 한다. 그러므로 우리는 자신과의 관계에서 주도권을 쥐고 스스로를 긍정적인 인간으로 변화시켜야 한다. 왜냐하면 인간은 늘 부정으로부터 공격을 받기 때문이다. 조금이라도 틈을 보이면 부정은 그 틈새를 놓치지 않고 기어들어와 삶을 망가뜨린다.

그렇다면 자신과의 관계를 긍정하는 최고의 방법은 무엇일까. 무조건 난 최고야, 난 잘하고 있어, 난 잘될 거야, 이런 것이 긍정일까. 그렇지 않다. 자신과의 관계에서의 긍정은 다른 모든 관계에서의 긍정보다 더 엄격한 긍정정신이 필요하다. 포괄적이고도 애매한 의미의 긍정은 전혀 효과를 발휘하지 않을 것이다. 구체적이고 확실한 긍정이 그래서 필요한 것이다.

예를 들어서 난 최고야, 이것보다는 난 무엇무엇을 잘하고 그런 소질을 충분히 발전시켜나갈 의지를 지니고 있으므로 최고가 될 수 있다, 이런 식의 긍정이 더 중요하다는 뜻이다. 또 난 잘하고 있어, 이런 막연한 긍정보다는 구체적으로 난 지금까지 하는 일의 이런저런 면을 참 잘해내고 있어, 그러니까 난 잘될 가능성을 지닌 사람이야, 이런 식의 긍정이 더 필요하다.

구체적이고 확실한 긍정이 자신과의 관계를 기분 좋게 이끌어갈 확실한 방법이다. 날마다 자신과 행복하게 동행하는 인생은 생각만으로도 행복하지 않은가. 그대는 그런 인생을 살아야 한다.

어떤 관계든 긍정할 수 있는 비법

털실로 목도리를 뜬 적이 있는 사람이라면 알 것이다. 한 번만 코를 빠뜨려도 목도리가 엉망진창이 되어버린다는 것을 말이다. 어릴 적 함께 목도리를 뜨던 친구 중에 유독 중간에 올이 잘 풀리는 친구가 있었다. 그럴 때마다 친구는 헝클어진 목도리를 방바닥에 팽개치면서 고개를 갸우뚱거렸다.

"도대체 왜 나만 이렇게 잘 풀리는 거야?"

내가 보기에 그렇게 된 건 가끔씩 한눈을 팔았기 때문이었다. 그 당시 한창 유행하던 드라마를 보느라 친구는 뜨개질에 정신을 집중하지 못했다. 손에는 털실을 잡고 있지만 마음은 텔레비전 속에 들어가 있었던 것이다. 그렇게 자신의 일에 집중력을 발휘하지 못하니 뜨개질이 제대로 될 리 없었다. 이런 친구가 커서도 여전히 삶의 맥을 찾지 못하고 살고 있다. 어릴 적 습관처럼 아직도 주의력이 분산되어 있는 친구에게 인생은 여전히 올이 풀린 목도리와 같다. 인간관계는 털실로 목도리를 만드는 과정처럼 고도로 집중해야 한다. 관계란 것이 인간을 지탱하는 것이라면 집중력은 그런 관계를 더욱 공고하게 만드는 주춧돌이나 마찬가지다.

하나의 관계가 어긋나면 다른 또 하나의 관계에서도 문제가 발생할 소지가 높다. 올 하나가 빠지면 목도리의 모든 털실이 순식간에 풀어지듯이 인간관계도 그렇다. 하나의 관계가 잘못되면 다른 관계도 그 부정적 영향에서 벗어나기가 어려워진다. 그 까닭은 인간관계는 어차피 하나의 둥근 원 안에 형성된 것이기 때문이다. 둥근 원이란 것은 바로 생을 주제로 끊임없이 앞으로 나가는 존재의 일원이라는 뜻이다. 누구나 살아 있으면 살기 위한 행동을 한다. 비록 자살을 위한 행동을 한다고 해도 그것도 어디까지나 살기 위한 마지막 몸부림이다. 자살자도 살기 위해 죽는 것이라고 봐도 맞다.

어떤 관계든 긍정할 수 있는 비법은 별다른 것이 아니다. 하나하나의 관계를 소중히 여기고 그것들에 집중하는 것이다. 관계가 인생을 이룬다. 관계가 원만한 사람만이 자신의 삶에서 행복을 누릴 수 있게 된다.

생각해보라. 가족과의 관계가 악화된 사람이 행복할 수 있겠는가. 날마다 부부싸움을 하는 사람이 삶의 행복을 느낀다면 거짓말이다. 친구들과 사이가 나쁜 학생이 자신은 행복하다고 주장한다면 그것도 자기 자신을 속이고 있는 것이다. 하나의 관계가 잘못되면 그 영향은 고스란히 자기 자신에게로 돌아온다. 마치 부메랑처럼 반드시 되돌아온다.

어긋나고 틀어진 관계는 마치 독을 뿜어내는 비소와 같은 역할을 한다. 그러므로 자신과 관계하는 사람들을 모두 소중히 여기는 습관을 들여야 한다. 그것이 바로 관계의 개선법이다. 사람을 소중히 여기는 사람에게 누가 돌을 던지겠는가. 그리고 아무리 별 볼일 없는 사람이라도 집중해서 그 사람에 대한 예를 갖추어야 한다. 그래야만 좋은 관계가 될 수 있다.

어떤 관계든 긍정할 수 있다면 하루하루가 행복한 나날이 될 수 있다. 관계가 좋은 사람은 삶의 만족도도 높기 때문이다. 관계가 불안정한 사람은 일상이 불안할 수밖에 없다.

부부간에 관계가 불안정하다면 그건 바로 신뢰가 없다는 뜻일 것이다. 서로 믿지 못하고 산다면 결혼생활이 평탄할 수는 없을 것이다.

부부간의 관계도 긍정할 수 있는 최고의 비법은 위에서 말한 것과 같이 상대방을 소중히 여기고 상대방에게 집중하는 것이다. 아내를 무시하고 함부로 다루는 남편, 남편에게 집중하지 않고 다른 남자를 몰래 만나는 아내가 같이 산다면 그곳은 더 이상 가정이라고 말할 수 없다.

이건 굳이 부부간에만 그러한 것은 아니다. 어떤 관계든 상대방에 대한 존중이 긍정이다. 그리고 상대방에게 집중하는 배려심이 바로 긍정이다. 관계의 출발은 한 개인이지만 그 개인이 어떻게 처신하느냐에 따라서 긍정의 하모니가 울려 퍼지는 행복한 공동체가 될 수도 있는 법이다. 학교나 회사나 가정이나 모두 관계의 출발은 한 사람이다. 그런 한 사람 한 사람이 어떻게 관계를 유지하기 위해 노력하느냐가 그 단체의 행복과 불행을 결정지을 수도 있음을 우리는 명심해야 할 것이다.

얼마 전 미국의 어느 학교에서는 자신을 왕따시키는 친구들에게 원한을 품은 학생이 수업 중인 교실에 들어가 총을 난사해 친구들을 죽인 사건이 있었다. 이 사건에서 우리는 관계의 중요성에 대해 다시금 절감하지 않을 수 없다. 친구를 따돌리는 것은 관계를 단절시키는 행위다. 관계가 단절된 학생은 엄청난 피해의식에 시달리게 된다. 그리고 고독감과 우울감에 빠져들게 된다.

긍정은 이럴 때 빛을 발휘해야 한다. 자신이 따돌림을 당하는 피해자라면 부정적인 감정에 휩싸여 있을 것이 아니라 긍정적인 마음으로 관계개선을 위해 노력해야 한다. 그리고 노력해도 되지 않으면 전학을 하거나 신고를 하는 방법도 있다. 그렇지 않고서 오직 그 상황의 부정적인 물결에 휩쓸려 있다 보면 총기난사 사건의 범인이 될 수도 있는 것이다.

최근에는 우리나라에서도 총기사건이 연달아 발생했다. 미국이나 외국에서나 있을 법한 일이 발생한 것이다. 비록 공기총이지만 그 살상력은 엄청나다. 돈을 주지 않는다는 이유로 80대 형 부부를 살해한 70대 노인의 사건이 바로 우리나라의 일이다. 범인은 평소에도 자주 형네 집에 찾아가 돈을 달라고 협박하곤 했다고 한다. 형과 동생의 관계가 원만하지 못해서 애꿎은 형수까지도 운명을 달리하게 되었다.

그들이 관계개선을 위해 적극적으로 노력했다면 어떻게 되었을까. 자신의 입장만 주장하지 않고 상대방의 입장에 서서 한 번이라도 진실하게 대했다면 이런 비극적인 사건은 벌어지지 않았을 것이다. 아무리 억지를 쓰는 사람이라도 우리는 그 사람의 입장에서 한 번쯤 생각해 봐야 한다. 그런 것이 바로 긍정의 자세요, 긍정의 지혜다.

관계를
주도하는 법

여기 두 사람이 있다. 한 사람은 관계를 주도하고 한 사람은 그냥 상대방이 원하는 대로 행동한다. 한 사람은 관계의 우위에 서서 자신감을 가지고 사는데 한 사람은 관계의 아래에서 굽실거리거나 비굴하게 삶을 연명한다. 그대는 어떤 사람이 되고 싶은가. 관계의 주도자가 되어 인생의 승리자가 될 것인가. 아니면 관계의 피해자 내지는 희생양이 되어 인생의 패배자가 될 것인가.

어떤 며느리는 날마다 시댁 흉을 본다. 모임에 나오면 늘 그녀의 입은 시댁 흉보기에 쉴 틈이 없다. 친구들은 그런 그녀의 말에 이젠 넌더리가 난다.

"그 인간들은 사람도 아니야. 날마다 날 괴롭히거든."

그렇게 말하면서 시작되는 시댁의 흉은 누군가가 나서서 말을 끊지 않는 한 계속해서 이어진다. 그런데 가만히 관찰해보면 그녀는 자신이 관계의 주도자가 아니라 시댁 사람들에게 끌려다니는 삶을 살아가고 있었다. 친구 소영이는 그 사실을 직시했다.

"시댁 사람들이 하는 행동에 일희일비하지 말고 네가 관계를 주도해봐. 네가 먼저 나서서 관계 회복을 위해 노력하고 네가 먼저 나서서 무슨 일이든 이끌어 가보라고. 몇 년째 시댁에 가지 않는데, 이젠 네가 적극적으로 시댁에 가고 잘하려고 노력해봐. 그럼에도 불구하고 시댁 사람들이 널 함부로 대한다면 넌 관계의 우위에 설 수 있는 거야. 누가 뭐래도 넌 큰소리칠 명분을 얻게 되니까."

소영 씨의 말은 사실이다. 소영 씨의 이 말은 어떻게 하면 관계의 회복 또는 관계의 우위에 설 수 있는지를 가르쳐주고 있는 것이다. 어떤 관계가 심각하게 틀어졌다면 그 관계의 주도자가 되어야 한다. 상대방이 막말을 하고 욕설을 퍼붓는다고 해도 개의치 말고 당당해져라. 그들이 그렇게 하는 것은 그들의 입장이다. 여러분은 여러분의 관점에서 상황을 파악하고 더 나아가 공정한 시각으로 관계를 개선시킬 방법을 찾아야 한다. 그렇게 하기 위해서 필수적으로 관계의 주도자가 되어야 하는 것이다.

이런 관계주도의 중요성은 비단 가족관계에서만 필요한 것은 아니다. 관계의 중심축이 된다는 건 상대방이 누구이건 간에 공통적으로 빛을 발휘하는 전략이다. 긍정은 고도의 전략이기도 하다. 긍정적인 사람은 자신의 인생을 긍정적으로 살아가기 위한 고도의 전략가이기도 한 것이다.

모 정치인이 다음 선거에 출마하기 위해 유세를 한다고 해보자. 그는 자신의 지역구 주민들과의 관계에서 주도적인 역할을 해야 한다. 그냥 가만히 있으면서 자신에게 표를 찍어달라는 후보는 없을 것이다. 어떻게 해서든 자신의 존재를 알리기 위해 노력하고 지역구 주민들에게 먼저 다가서기 위해 노력할 것이기 때문이다. 반대로 어떤 사람이 국회의원 선거에 출마를 해놓고서도 전혀 지역구 주민들과의 관계를 위해 노력하지 않는다면 어떻게 될까? 우리가 굳이 예언가나 점성술사가 아니어도 그 후보는 낙방할 것이라는 것을 예견할 수 있다. 그런데 왜 사람들은 자신의 일상생활에서는 관계주도자가 되려고 노력하지 않는 것일까. 그 때문에 실로 막대한 손해를 보고 있는데도 말이다.

그렇다고 해서 부정적인 관계주도자가 되라는 말은 아니다. 수십 년 동안 잉꼬부부로 살아온 어느 부부가 최근에 부부간의 폭력사태로 법정까지 가게 되었다. 아내는 남편이 결혼생활 동안 내내 폭행하고 폭언을 했다고 주장했다. 남편은 부정적인 관계주도자인 셈이다. 부정적인 행동으로 아내를 괴롭혔으며 그로 인해 한 여자의 인생을 망가뜨렸기 때문이다.

그러면 그녀는 왜 그런 삶을 살 수밖에 없었을까. 물론 폭력적인 성향의 남편이 많은 잘못을 했다. 하지만 이 결혼생활 파탄의 책임을 남편에게만 물어서는 안 된다. 아내는 자신이 결혼생활의 긍정적인 주도자가 되지 못한 것을 반성해야만 한다. 왜? 그래야만 그런 실수를 다시는 반복하지 않을 것이기 때문이다. 어리석은 사람은 잘못한 것을 알면서도 다시 반복하는 사람이다. 그러한 반복은 인생을 망치는 주요인이다.

그대는 긍정적으로 관계를 주도해야 한다. 그래야만 인생의 승리자가 될 수 있다. 가족관계든, 친구들과의 관계든, 직장에서의 관계든 일단은 관계를 주도하는 사람이 돼라. 단 부정적으로 관계를 주도하려거든 차라리 관계주도자가 되지 말라. 그것은 서로를 불행하게 하는 지름길이다. 어떻게든 긍정적으로 관계를 주도하는 사람이 되어야만 성공할 수 있음을 기억해야 한다.

어느 개그맨이 잘나가다가 모 프로그램에 출연해 여성을 비하하는 발언을 했다가 문제가 되어 결국 그 프로그램에서 하차했다. 그의 문제점은 무엇이었는가. 바로 시청자와의 관계를 부정적으로 만든 것이다. 시청자를 모욕했으니 그 화살이 고스란히 자신에게로 돌아온 것이다. 그러므로 사람은 평소의 언행에 신경을 써야 한다. 물론 긍정적인 관계주도자는 다른 사람을 비방하거나 깎아내리지 않는다. 그것은 아주 기본적인 태도다.

관계가 인생이다

거미줄처럼 얽혀 있는 인간관계 속에서 어떤 관계가 어떻게 한 사람의 일생을 변화시키는지 생각해본다면 흥미로울 것이다. 1908년 학비와 생계비를 위해 잡지사 기자 일을 하던 가난한 작가지망생인 나폴레온 힐은 당대 세계 최고의 부자인 앤드류 카네기를 만나 인생역전의 기회를 잡았다. 그런가 하면 대한민국에서 손꼽히던 대기업의 회장이 부정한 정치인을 만나 뇌물을 바치게 되고 그로 인해 검찰수사를 받다가 자살을 하기도 했다.

우리는 종종 신문지상에서 모 기업인이 모 정치인에게 사과 박스나 건강음료 박스에 돈을 넣어서 건넨 사실이 발각되어 검찰수사를 받는다는 내용을 읽는다. 그럴 때 그대는 어떤 생각이 드는가. '나라면 저런 사람과 관계를 맺지 않았을 거야.'라고 생각하지 않았는가.

늘 거짓말을 일삼고 다른 사람을 기만하는 사람과 깊은 관계를 맺고 있는 사람은 결코 즐거운 인생의 주인공이 될 수 없다. 항상 소심하고 삐딱한 가치관을 가진 사람과 돈독한 관계를 맺고 있는 사람은 자기 자신도 소심해지고 삐딱한 가치관에 물들기 쉽다. 우리는 자신의 인간관계가 지금 현재 어떤가에 대해서 늘 주의를 기울여야 한다. 왜냐하면 나쁜 관계는 관계 자체만으로 끝나는 것이 아니라 자기 자신, 가족, 친구, 더 나아가 나라의 운명까지도 좌우하게 되기 때문이다.

그렇다면 좋은 관계를 만들기 위해 어떤 행동을 해야 할까? 좋은 관계의 주인공이 되기 위해서는 나쁜 관계를 피하기 위해서 좋은 관계를 꿈꾸는 것이 아니라 적극적으로 자신의 인생에 좋은 관계를 불러들이기 위해서 노력해야 할 것이다. 그러한 노력은 결코 헛되지 않다. 아무리 좋은 사람들이 많아도 관계를 맺기 위해 노력하지 않으면 그들과 좋은 관계를 맺을 수는 없다. 아무리 금은보석이 많아도 그것을 현금화하지 않는다면 일상에서 돈으로 쓸 수는 없는 것과 같다. 수조 원 가치의 주식이 있어도 당장 사용할 수 있는 돈이 없다면 불편할 수밖에 없다.

관계는 특별한 노력이다. 관계는 또한 지극한 정성이고 따뜻한 관심이다. 관심을 주지 않으면서 좋은 관계를 이룰 수는 없지 않겠는가. 관심을 기울이고 정성을 다해 노력하는 것이 좋은 사람들을 자신의 인생에 끌어들이는 비법이다.

결혼도 관계를 맺는 것이다. 잘나가던 여자 아나운서가 남편을 잘못 만나 사기를 당하고 명예를 훼손당하는 경우를 보자. 그녀는 적어도 남편이란 사람을 만나기 전에는 사회에서 존경받고 사랑받는 최고의 위치에 있었다. 하지만 잘못된 가치관을 지닌 남편이란 사람과 관계를 맺음으로써 결국엔 자신의 명성에 흠이 생기게 된 것이다. 물론 명성만이 아니다. 실질적으로 자신이 느끼는 행복의 척도도 낮아질 수밖에 없었다.

그녀는 지금 굉장히 불행한 모습으로 법정에 출두해 기자들에게 하소연한다. 그것은 우리가 그 전에 보았던 당당하고 멋진 아나운서의 이미지와는 조금 상반되는 모습이다. 그러한 모습을 본인 자신도 세상 사람들에게 보여주게 될지는 몰랐을 것이다. 그 한 사람을 만나기 전에는 말이다. 결혼을 하는 것에 신중을 기해라. 관계는 한 사람의 모든 것을 뒤바꿔버릴 정도로 강력한 인생의 회로다.

결혼뿐만이 아니다. 이사를 생각해보자. 새로운 동네로 이사를 오면 그 동네 사람들과 관계를 원만하게 해야 한다. 만일 그렇지 않으면

텃세에 시달리게 된다. 어느 가족은 귀농을 했다가 그 지역 사람들과 조화를 이루지 못해서 결국 다시 도시로 되돌아갔다. 그럴 줄 알았으면 애초에 귀농을 안 했을 것이다. 그렇지 않은가. 괜히 왔다 갔다 하면서 돈과 시간을 허비했으니 말이다. 그들이 만일 이 점을 깨닫게 되었다면 그나마 인생의 수업을 제대로 받은 것이다.

"관계가 인생의 질을 결정한다."

이 짧은 한마디를 미리 알았다면 얼마나 좋았을까. 어디를 가든지 그 지역 사람들만의 독특한 생활풍습이 존재한다. 그런데 자신이 가지고 있던 평소의 생활습관만을 끝까지 고집한다면 지역주민들의 환대를 받기는 어렵다.

인생은 시작부터 관계가 출발점이다. 아기는 엄마와 관계를 맺음으로써 비로소 자신의 육신을 완성해나간다. 물론 그 전에는 아빠와의 관계도 물론 있다. 그리고 태어나서도 많은 사람들의 보살핌 속에서 살아간다. 그것도 관계다. 엄마, 아빠, 할머니, 할아버지, 친척, 유치원 교사 등. 수많은 이들이 아기와 관계를 맺고 아기는 그런 관계를 통해서 배우고 성장한다. 그리고 청년이 되고 어른이 되어 사회의 중심적인 인격체가 되는 것이다. 이러한 관계의 유기적인 흐름을 잘 읽고 그 관계를 좋게 이끌어가는 사람만이 행복할 수 있다. 또한 나쁜 사람과의 관계를 애초에 차단하는 분별력도 길러야 할 것이다.

많은 이들이 "분명히 이 사람은 좋은 사람이 아니야." 하는 느낌을 가지면서도 그 사람과의 관계를 정리하지 못해서 고통받고 있다. 긍정적인 사람은 관계가 자신의 인생에서 매우 중요한 부분임을 명확히 인식한다. 그래서 분별력을 지니고 좋은 사람과 나쁜 사람을 추려내어 자신의 삶에 나쁜 사람이 들어오지 못하게 한다. 그렇게 함으로써 더 나빠질 수 있는 계기를 애초에 만들지 않는 것이다.

관계를 좋게 만들기 위한 노력도 긍정적인 사람은 게을리하지 않는다. 부정적인 사람은 그러한 노력들이 매우 힘들고 귀찮은 일이라고 생각하지만 긍정적인 사람은 관계를 위한 소소한 노력들을 매우 가치 있게 생각한다. 그것이 긍정적인 사람이 좋은 관계를 많이 맺고 행복하게 살아가는 비밀이다.

관계의 양보다는 질에 주목할 것

대인관계가 넓은 걸 무척이나 자랑스러워하는 사람들이 있다. 휴대폰에 저장된 친구 연락처가 수천 명에 달한다고 방송에 나와서 자랑하는 연예인도 있고, 자기가 그 지역에서 모르는 사람이 없을 정도로 유명하다고 으스대는 사람도 있다. 그런데 정작 그런 사람들일수록 속으로는 매우 외롭다. 수천 명의 친구들 중에서 진정으로 자신을 걱정해주는 사람을 찾는 일은 쉽지 않기 때문이다. 아무리 많은 친구가 저장되어 있으면 무엇 하겠는가. 당장 자신이 아프거나 힘들 때 발 벗고 달려와줄 친구는 한두 명에 불과하다.

긍정적인 사람은 관계의 질을 주목한다. 타인과의 관계는 늘 복불

복일 수밖에 없다. 뜻하지 않게 사건에 휘말리고 그로 인해서 사이가 순식간에 나빠지는 것이 관계다. 그런 관계의 질의 불확실성을 잘 알고 긍정적으로 대처하겠다는 자세가 필요하다. 질이 나쁜 관계를 계속 유지한다면 그 관계가 주는 고통으로 삶은 불행할 수밖에 없다. 긍정은 그렇게 불필요하게 유지되는 관계를 끊을 수 있게 만든다. 관계의 질이 나빠지는 걸 용납하지 않기 때문이다. 좋지 않은 관계를 끌고 나간다면 그 사람은 필연적으로 그 관계로부터 파생되는 독성분을 마시게 될 것이다.

데이트할 때마다 폭력을 휘두르는 남자친구가 있는 여자가 있다고 하자. 그 여자는 남자친구와의 관계의 질에 주목해야 한다. 자신이 그 관계에서 지금 무엇을 잃고 있는지 냉정하게 분석해야만 한다. 이것은 긍정이다. 긍정은 자신을 그 누구보다 사랑하게 만든다. 그래서 좋지 않은 인간관계로부터 자신을 방어하게 만든다. 데이트 폭력에 시달리던 여자는 드디어 관계를 정리하게 된다. 오늘 비로소 남자친구에게 이별을 통보하게 된 것이다.

"지금까지 난 우리 사이에 대해서 너무 방관자적 입장을 취해왔어. 하지만 이젠 전적으로 내 인생의 행복을 위한 선택을 하려고 해. 더 이상 너에게 폭행을 당하면서 만나고 싶지는 않다. 이제 그만 헤어져줘. 이것은 우리 두 사람을 위한 최선의 선택이야. 너도 나를 만나지 않음으로써 폭력의 가해자가 되지 않을 것이고 나도 너를 만나지 않음으로써 폭력의 피해자가 되지 않을 것이야. 더 나아가 우리가 이런 상태로 결혼이라도 하게 된다면 태어날 아이들은 어떤 삶을 살 것 같니? 지금 우리가 헤어지는 건 어쩌면 미래의 그 누군가의 불행을 원천적으로 예방하는 차원이기도 한 거야."

그렇다. 한 사람의 냉정한 자기 분석이 이렇듯 미래의 누군가가 받을 고통을 미리 차단시키는 결과를 불러온다. 관계의 양보다는 질에 주목하는 삶을 살아라. 많은 사람들과 깊이 없는 관계를 맺는다고 해서 그 사람의 삶이 풍요롭지는 않다. 오히려 적은 몇몇의 사람들과 긴밀한 관계, 긍정적인 관계를 맺는 사람의 삶이 더 풍요롭고 행복하다.

질이 나쁜 공산품은 금방 소비자들의 외면을 받는다. 그렇지 않은가. 누가 화면이 흐릿하게 나오는 텔레비전을 살 것이며 누가 뜨거운 바람이 펄펄 나오는 에어컨을 구입하겠다고 나서겠는가. 그런데 자신의 삶의 가장 중요한 일부분인 인간관계에서는 그렇게 불량인 관계를 선뜻 정리하지 못한다. 정에 이끌려서 그런 경우도 있고 용기가 없어서, 혹은 두려워서 그런 관계를 유지하는 경우도 많다. 하지만 이제는 용기를 가지고 나서야 할 때다. 질이 나쁜 관계를 가차 없이 잘라내는 결단이 필요한 시점이다. 머뭇거릴수록 결과는 좋지 않다. 빠르면 빠를수록 좋은 것이 나쁜 관계를 정리하는 것이다.

또한 좋은 관계는 더 정성을 기울이고 잘 돌봐야 한다. 평상시에 좋은 관계라고 해서 방심하고 방치하다가는 자칫 나쁜 관계로 발전될 수가 있기 때문이다. 여러 명의 친구들과 어울려서 들썩거리면서 떠드는 사람은 정작 외로운 사람일 확률이 높다. 그런 사람일수록 집에 들어가서는 외로움에 몸서리친다. 관계를 많이 맺을수록 하나의 관계에 쏟을 에너지가 분산되어서 집중하기가 어려워지기 때문이다.

솔직히 마음에 들지 않으면서도 연락처를 주고받고 안부 인사를 나누는 사람들이 있다. 그런 사람들의 속마음은 이렇다.

'별로 마음에 들지는 않지만 나중에 혹시라도 무슨 일 생기면 저 사람에게 도움을 받을 수도 있을 거야. 그냥 인맥을 늘린다고 생각하고 아는 체하고 지내는 거지.'

이렇게 교류하면 상대방은 그런 마음을 알아차린다. 바보가 아닌 이상 다 알 수 있을 것이다. 저 사람이 나를 진심으로 대하는지, 아니면 인맥관리 차원에서 건성으로 대하고 있는지. 만일 자신이 진정성 없는 관계의 주인공이 된다면 누가 좋아하겠는가. 아무도 그런 관계의 주인공이 되고 싶어 하지는 않는다. 차라리 그런 관계는 하지 않는 게 낫다. 관계의 질에 집중하는 사람은 긍정의 마음으로 사람을 대하는 사람이다. 사람을 사랑하는 진심이 있고 사람에게 대하는 것도 거짓이 없다. 그래서 그 사람과 관계하는 사람은 그의 진심을 알게 되고 그를 사랑하게 되는 것이다.

한 사람과 친구가 되어도 진정성 있게 대하는 게 천 명의 친구를 사귀면서 인맥 자랑을 하는 사람보다는 낫다. 쓸데없는 곳에 에너지를 쏟지 말라. 휴대폰에 저장된 별 의미 없는 사람들을 모두 정리하라. 그 사람을 진정으로 좋아하지 않는다면 더욱 빨리 지워야 한다. 어쩌면 그것은 그들에 대한 예의이기도 하다. 대신 진정으로 좋아하는 관계를 유지해나가라. 관계의 양은 아무런 소용이 없다. 수만 명이 친구라고 해도 진정한 친구는 고작 한두 명뿐임을 명심해야 할 것이다. 사랑과 우정은 모두 긍정에서 나온다. 그리고 그것은 또한 관계의 양보다는 질에 주목하는 사람에게서 발현되는 성향이다.

평화로운 관계가 주는 평화로운 삶

어느 지역에서 벌어진 일이다. 길이 철조망에 가로막힌 보기 드문 광경이 펼쳐진 그 지역에서 최근에 중국집을 운영하던 40대 남자가 자살을 했다. 한 남자의 죽음까지 부른 분쟁은 사유지였던 길을 새로 이사 온 절 주인이 되찾으면서부터 시작되었다. 그는 자신의 땅을 철조망으로 가로막고 동네 사람들이 드나들지 못하게 만들었다. 철조망은 마치 휴전선의 그것처럼 을씨년스럽게 마을을 두 동강 냈다. 그래서 동네 사람들은 수백 년 동안 다니던 길을 뒤로하고 논길을 넘어서 위험하게 다녀야 했다. 그리고 그 마을의 유일한 중국집은 길이 막히자 손님들이 끊겨 문을 닫아야 할 처지에 놓였던 것이다.

갈등은 쉽게 해결되지 않았다. 양측의 주장이 한 치의 양보도 없이 팽팽하게 대립되었기 때문이다. 중국집 사장은 절 주인에게 찾아가서 항의를 하고 몸싸움도 벌였다. 그래도 자신의 뜻대로 길이 열리지 않자 마침내 절 앞에서 분신을 하고 말았던 것이다. 평화롭지 못한 관계가 형성되자 사람이 죽는 비극까지 벌어진 것을 이 사건에서 우리는 여실히 알 수 있다. 만일 중국집 사장과 절 주인이 조금만 서로 양보해서 평화로운 관계를 만들었다면 이런 비극은 일어나지 않았을 것이다.

평화로운 관계가 평화로운 삶을 만든다는 것은 지극히 상식적인 말이 아닐까 싶다. 누가 매일 싸우고 대립하는 관계를 통해서 평화로운 삶에 다가갈 수 있겠는가. 어떤 남편은 매일 집에서 무엇인가를 만드는 일에 몰두했다. 그는 평생 특별한 직업을 가지지 않고서 그렇게 빈둥거리면서 창고에 박혀 발명품을 만들었다. 적어도 남들이 보기엔 그랬다. 남편은 무능해 보이는 백수였다. 동네 사람들은 그런 남편을 보면서 수군거리기도 했다.

아내는 혼자서 집안일이며 농사일을 다하고 일곱 명이나 되는 자식들을 키워냈다. 그런 아내가 지금 참으로 평화로운 삶을 살고 있다. 어떻게 그 일이 가능했을까. 그것은 그녀가 남편과의 관계를 평화롭게 만들었기 때문이다. 돈을 벌어오지 않는다고 바가지를 긁지 않았고 남편을 무시하지도 않았다. 그 대신 그가 하는 일을 그저 묵묵히 지켜봐왔다. 그런 평화로운 관계의 결실이 맺어진 걸까. 남편이 30년 동안 연구해온 발명품이 드디어 특허를 받고 대기업과 계약을 맺게 되었다. 평화로운 가정환경 속에서 남편은 주눅 들지 않고 자신의 연구에 매진할 수 있었기 때문에 가능한 일이었을 것이다.

긍정을 통해 평화를 실현하라. 긍정은 평화로운 관계를 만드는 가장 큰 원동력이다. 긍정적인 사람이 타인과의 관계를 분쟁으로 몰고 가는 예는 찾아볼 수 없다. 왜냐하면 긍정적인 사람은 탁월한 이해심을 가지고 상대방을 대하기 때문이다. 이해하고자 하면 이해 못할 것이 없는 것이다. 아무리 불손한 사람이라도 이해하고자 하는 마음을 가지고 대하면 그의 불손함도 이해할 수 있다. 아무리 무능한 사람도 이해하고자 하는 긍정적인 마음을 가지고 바라보면 이해 못할 것도 없다.

사람들은 많은 오해를 하고 산다. 그 오해의 원인이 바로 부정적인 생각이다. 다른 사람에 대한 오해는 평화로운 관계를 맺지 못하게 만든다. 부정적인 생각을 버리고 긍정적인 생각을 갖는다면 삶에서 오해라는 자체가 사라질 것이다. 평화롭게 사는 사람은 다른 사람에 대한 오해를 애초에 차단할 줄 안다. 어떤 한 가지 점에 대해 부정적인 생각이 고개를 들이밀기 시작할 때 곧바로 긍정을 투입해서 그걸 없애기 때문이다. 아집과 편견에서 벗어나야 한다. 그래야 관계가 좋아질 것이다. 부정적인 생각은 아집과 편견을 부추긴다. 그리고 그런 아집과 편견을 가진 사람은 사람을 오해하기 쉽고 관계를 나쁘게 만든다. 만일 자신이 그런 삶을 살아왔다면 이젠 긍정으로 아집과 편견을 없애야 할 것이다.

관계의 평화를 위해 노력하라. 그렇게 하면 평화로운 삶의 주인공이 될 것이다. 그렇게 하기 위해서는 먼저 부정적인 사고를 없애야 한다. 그 사람의 나쁜 점만 본다면 영원히 좋은 점은 발견할 수 없을 것이다. 그건 정말 안타까운 일이 아닌가. 한 사람의 본질을 제대로 알지 못하면서 일부분으로 그 사람을 판단하는 실수를 해서는 안 된다.

한 가지 면이 좋지 않더라도 다른 한 가지 면은 좋은 사람이 훨씬 더 많다. 모든 면에서 별로인 사람이라도 우리는 충분히 그를 이해해줄 수 있어야 한다. 그래야 평화로운 삶이 우리에게 다가온다. 물질적인 풍요로움도 평화로운 삶 앞에서는 고개를 숙일 만큼, 평화란 것은 인간을 더없이 행복하게 만들어주기 때문이다.

내 마음을 몰라주는 사람 때문에 서운할 때

자신의 마음을 몰라주는 사람 때문에 섭섭해본 적이 있는가. 자신의 마음을 몰라주는 사람을 원망해본 적이 있는가. 그렇다면 그건 자신이 긍정을 하지 않았다는 명백한 증거다. 사람은 늘 말했듯이 완벽하지 않다. 항상 올바를 수도 없고 항상 상냥할 수도 없으며 항상 이해심이 많을 수도 없다.

이건 마치 변화무쌍한 날씨와 같다. 항상 태양이 쨍쨍 빛나는 맑은 날만 계속되지 않는 것과 같다. 비가 오기도 하고 햇볕이 비추기도 하고 눈보라가 치기도 하는 것이 날씨의 속성인 것이다. 사람도 그렇다. 날씨처럼 늘 변화무쌍한 감정 굴곡을 지니고 있다. 그러한 인간의 속성을 이해하고 자신의 마음을 몰라주는 사람을 다시 한 번 떠올려

본다면 서운한 감정도 줄어들 것이다.

“엄마, 엄마는 왜 내 마음을 그렇게 몰라줘? 내가 얼마나 공부하기 힘든지, 내가 얼마나 학교 다니기 싫은지 엄마는 내 마음을 몰라주잖아.”

딸은 엄마에게 이렇게 말하고 싶은 걸 꾹 참고 오늘도 학교를 갔다. 엄마가 과연 딸의 마음을 모르고 있을까. 대부분의 엄마들은 딸의 심정을 누구보다 더 잘 알고 있다. 다만 어쩔 수 없는 현실 때문에 그걸 모른 척하는 경우가 더 많다. 학교를 졸업해야 취직을 할 수 있고 사회인으로서 당당하게 살아갈 수 있다는 사회적 통념 때문에 자식이 학교에 가는 걸 힘들어 해도 어쩔 수 없이 모른 척하는 것이다. 이러한 사실을 모른 채 딸은 엄마를 서운하게 생각할 수 있다. 이것은 두 사람이 긍정하지 못한 결과물이기도 하다.

엄마와 딸이 서로 긍정할 줄 안다면 상대방이 처한 현실의 고통을 충분히 교감할 수 있게 된다. 부모로서의 책임과 도리를 하기 위해 자식을 학교에 보내야만 하는 엄마를 이해하는 딸, 교육이라는 명분 아래서 꽃다운 청춘을 자유롭지 못한 학교에 가서 지내야 하는 고통을 이해하는 엄마가 있다면 그들은 긍정의 선구자인 셈이다. 긍정하는 사람은 자신의 마음을 몰라준다는 생각이 들어도 거기에서 생각을 차단

할 줄 안다.

"그래, 그럴 수도 있지. 자신의 마음을 몰라주는 사람을 원망해본 적이 있는가. 그렇다면 알지 못하는데 어떻게 다른 사람이 내 마음을 다 알아주겠니. 서운하게 생각하지도 말고 원망하지도 말자. 그 대신에 상대방과 더욱 소통하면서 서로를 이해하도록 노력해야겠다."

자신이 먼저 다가가서 소통하려는 노력을 하지도 않으면서 내 마음을 몰라준다고 서운해하는 건 잘못된 것이다. 독심술을 익히지 않는 이상 다른 사람 마음속에 지금 무엇이 들어있는지 아는 사람은 없다. 충분히 교제하고 서로를 이해할 수 있게 되더라도 상대의 마음을 완벽하게 읽기는 어렵다. 그렇지만 평소에 충분한 대화와 교감이 있다면 내 마음이 상대방에게 전해지는 건 가능한 일이다.

결혼하고부터 수십 년 동안을 집에서 한마디도 안 하는 남편이 있어서 화제가 된 적이 있다. 퇴근해도 한마디 인사도 없이 욕실에 들어가서 씻는다. 아내도 이제 면역이 되어서 역시 아무 말 없이 밥상을 차린다. 그러면 남편은 마치 묵언수행을 하는 수도승처럼 말없이 밥을 먹는다. 그리고 식사 후에는 또 말없이 거실 소파에 구겨져 앉아서 텔레비전을 시청한다. 잠자리에 들기까지 단 한마디의 말을 하지 않는 남편 때문에 아내는 화병에 걸렸다고 한다.

"도대체 저 사람은 무슨 꿍꿍이를 지니고 사는지 정말 답답해 죽겠어요. 제 가슴에 커다란 돌덩어리 하나가 얹힌 것 같아요. 얼굴에 열이 올라 어쩔 땐 죽을 것 같기도 해요. 말 한마디 다정하게 내게 해 준 적이 없어요. 이대로 살다간 저 얼마 못 살 거 같아요. 이제 지쳤거든요."

소통하지 않는 건 상대방을 고문하는 것과 같다. 자신은 말하기 귀찮아서 하는 행동일지 몰라도 사랑을 갈구하는 아내의 입장에서는 그것은 무시요, 경멸로 다가오기 때문이다. 이렇게 하루 종일 말 한마디 없고 자신의 마음을 몰라주는 사람이 배우자라면 얼마나 외로운 삶이겠는가. 그렇더라도 그것을 절망적으로 해석해서는 안 된다. 그 사람의 성향이 그런 것이기 때문이다. 말을 하는 것이 괴로운 사람일 수도 있고, 말하는 것을 품위 없다 생각하는 사람일 수도 있으며, 말하는 것이 귀찮아서 그러는 사람일 수도 있다. 말없는 남편이 자신을 무시하거나 멸시한다고 생각하면 화가 날 것이고 서운한 것은 당연하다. 그러나 남편의 입장에서 다시 생각해보면 의외의 결과가 도출될 수 있다. 바로 별거 아닌 개인의 성향일 뿐인 것을 알게 되는 것이다.

개개인의 성향에 따라 생활태도가 달라짐은 당연하다. 그러한 각자의 성향에 대한 이해력을 길러야 한다. 내 마음을 왜 저렇게도 몰라줄까. 그런 원망의 태도는 바람직하지 않다. 만일 그것이 그렇게도 스트레스가 된다면 자신의 마음을 먼저 털어놓는 것도 한 방법이다. 내 마음을 알아주기만을 기다릴 것이 아니라 적극적으로 내 마음을 표현하는 것이다.

"내 마음은 지금 이래요, 당신은 어떤가요?"

"이렇게 힘든 내 마음을 이해해줄 수 있나요?"

이렇게 적극적인 태도로 나가면 기존의 소극적인 태도 때 가질 수밖에 없었던 피해의식이 사라지게 된다. 설령 그러한 적극적인 태도가 외면받는다 하더라도 최소한 자기 자신이 최선을 다해 상대방과의 소통에 임했다는 점에서 만족스러울 수 있다. 그리고 그러한 만족은 조그만 우물을 벗어나 넓은 바다에 나가서 헤엄칠 수 있는 용기를 주는 계기가 될 것이다.

지긋지긋한 잔소리가 듣기 싫을 때

"또 옷을 여기저기에 벗어놨네. 당신이 어린아이예요? 옷 좀 세탁기에 넣어요."

집 안 곳곳에 쓰레기처럼 버려진 옷가지를 발견한 아내의 말에 고개를 흔들면서 남편은 이렇게 중얼거린다.

"저놈의 잔소리, 언제나 그만 하려나."

"제발 스마트폰 그만 들여다보고 공부 좀 해라."

엄마의 말에 아이는 휴대폰을 신경질적으로 내려놓으며 이렇게 중얼거린다.

"아, 정말 지겨운 엄마의 잔소리."

이렇게 사람들은 자신의 행동을 나무라거나 제약하려는 타인의 말에 심한 반발심을 느낀다. 아무도 잔소리를 듣고 싶어 하는 사람은 없다. 노벨평화상을 받은 사람이라도 자신에게 잔소리를 퍼붓는 사람과 평생을 살라고 한다면 거부할 것이 명백하다. 그렇게 싫은 잔소리를 듣지 않고 살아갈 수 있다면 얼마나 좋겠는가. 그러나 어쩔 수 없이 잔소리하는 사람과 한집에서 혹은 한 직장에서 지내야 한다면 어떻게 할 것인가. 상대방의 입을 틀어막을 수 없다면 잔소리를 듣는 자신의 마음가짐을 바꾸어야만 한다는 결론이 나온다.

소나기가 싫으면 사람이 피해야지 하늘을 막을 수는 없는 노릇이다. 잔소리를 소나기로 생각하면 어떤가. 잔소리를 잔소리라고 여기면 잔소리다. 하지만 잔소리를 나를 위한 사랑의 말이라고 생각한다면 또 어떨까. 나를 위한 사랑의 말에 화가 날까? 서운할까? 물론 그렇지 않을 것이다. 잔소리를 한다는 건 상대방이 자신에게 관심을 가지고 있다는 증거다. 정말로 꼴 보기 싫은 인간에게 잔소리를 하는 사람은 없다. 왜냐하면 정말 싫은 사람에겐 말을 건네기조차 싫은 법이기 때문이다. 누군가가 여러분에게 지금 잔소리를 하고 있다면 그 사람은 분명히 여러분을 좋아하는 마음을 조금이라도 가지고 있는 사람이다. 잔소리도 사랑이다. 사랑하기 때문에 잔소리가 나오는 것이다.

원수에게 잔소리하는 사람을 본 적이 있는가. 아마 없을 것이다.

그건 잔소리가 아니라 맹목적인 분노의 말일 가능성이 높고 잔소리와는 차원이 다르다. 일반적으로 사람들이 생각하는 잔소리는 자기가 관심을 가지고 있는 사람의 행동이 바뀌길 바라는 마음에서 하는 말이다. 그 사람이 이 점만 고치면 더 잘될 것 같고, 더 좋을 것 같아서 하는 말인 것이다. 쉽게 이해하기 위해서 처음 예를 들었던 경우를 대입시켜보자.

"또 옷을 여기저기에 벗어놨네. 당신이 어린아이예요? 옷 좀 세탁기에 넣어요."

이 말을 듣는 사람의 입장이 된다면 언뜻 자기를 괴롭히는 말처럼 들리기도 할 것이다. 하지만 곰곰이 생각해본다면 그건 결국 자신을 위한 말이다. 왜 그런지 조목조목 따져보기로 하자.

만약 남편이 계속해서 옷을 세탁기에 넣지 않고 방바닥이며 거실 등 집 안 이곳저곳에 어질러놓는다면 아내는 성질이 날 수밖에 없다. 그리고 그 일이 계속적으로 반복된다면 스트레스를 받아서 화병에 걸릴 수도 있고 다른 중병에 걸릴 수도 있다. 아내가 중병에 걸려 앓아눕는다면? 병원비가 들 것이고 가정은 돌볼 사람이 없어서 엉망이 될 것이다. 그리고 병에 걸리지 않는다고 하더라도 화가 난 아내가 남편에게 폭언을 할 수도 있다. 그렇게 된다면 남편은 회사를 마치고 집에 와서도 스트레스를 받아야 한다. 그리고 아내가 더 이상 참지 못하고 이

혼선언이라도 한다면 어떤가? 옷을 세탁기에 가져다놓는 일이 그리 어려운 일이 아닌데 남편은 그 일을 하지 않음으로써 이혼남이 되어 외롭게 늙어 죽을 수도 있게 되는 것이다. 이러한 경우의 수를 생각해볼 때 아내가 한 말은 잔소리가 아니라 결국 남편을 위한 조언이 되는 셈이다. 그렇다면 남편은 자신에게 한 아내의 말에 감사해야 한다.

두 번째 경우는 또 어떨까.

"제발 스마트폰 그만 들여다보고 공부 좀 해라."

이 말을 들은 딸은 화가 난다. 그냥 즉흥적으로 반응하면 자기를 괴롭히는 말같이 들린다. 스마트폰 보는 게 큰 죄도 아닌데 엄마는 자신에게 그만 보라고 한다. 그래서 화가 날 수 있을 것이다. 공부하라는 것도 지긋지긋하다. 결국 자신을 공부 못 시켜서 안달 난 엄마 같아 보여서 미울 수 있다. 하지만 이 경우 역시도 곰곰이 생각해본다면 이렇게 상황에 대한 해석은 바뀔 수 있다.

만일 딸이 계속 스마트폰을 들여다보고 그러한 행동이 몇 달이고 몇 년이고 지속된다면 딸은 심각한 후유증에 시달릴 수 있다. 우선 스마트폰을 들여다보는 잘못된 자세 때문에 거북목 증후군이 생길 수 있고 전자파 때문에 시력이 약화될 수 있다. 또한 허리에 무리가 와서 허리디스크가 생길 수도 있는 것이다. 그렇게 되면 통증에 시달려야 되고 어린 나이에 병을 얻어서 평생을 고생해야 한다. 또한 공부를 게을리하면 자신이 하고 싶었던 것을 이루는 데 제약을 받을 수가 있다. 아예 공부를 놓은 학생이 아니라면 필연적으로 그렇게 될 것이다. 그러면 이쯤에서 엄마의 말씀은 잔소리가 아니라 최고의 보약인 셈이다. 딸에게 엄마는 건강도 챙기고 미래도 보장할 수 있는 조언을 한 것이다. 딸은 엄마의 말을 잔소리라고 치부할 것이 아니라 세상에서 가장 귀한 말씀으로 새겨들어야 한다.

잔소리를 이렇게 다른 측면에서 바라보니까 새로운 관점이 열렸다. 우리가 잔소리라고 들었던 말들은 잔소리가 아니라 우리를 위한 좋은 말씀들이었다. 특히 어린 시절 부모님의 말씀을 잔소리라고 여긴 적이 한두 번은 있을 것이다. 이제 커서 어른이 된 지금 그 시절의 부모님의 잔소리가 더 이상 잔소리가 아님을 깨닫지 않았는가. 미치도록 그립지 않은가.

회사에서 하는 상사의 잔소리도 똑같다. 따지고 보면 그것도 애정 어린 조언이다. 관심 없는 부하 직원에게 누가 일일이 입이 아픈 수고를 하면서 잔소리를 하겠는가. 잔소리하는 상사가 있다면 특히 더 고마워하고 감사해야 한다. 관심을 가지고 애정이 있기 때문에 그런 잔소리를 한다고 여기면 틀림없다. 생각해보라. 내일 모레면 쫓아낼 사원에게 잔소리할 상사가 있는가? 함께 오래오래 일할 소중한 직원이니까 잔소리를 하는 것이다. 그건 잔소리가 아니라 사랑의 쓴말이다. 그러니 누군가 잔소리라고 여겨지는 말을 하거든 스트레스 받지 말고 이렇게 생각하면 된다.

"정말 좋은 말이구나. 이건 사랑의 쓴말이지. 나를 위한 보약이야."

그 말을 기쁘게 받아 마셔라. 때로는 잔소리가 자신도 몰랐던 잘못된 부분을 발견하게 하고 고치게 하며 인생역전을 이루게 해주는 터닝 포인트를 마련해주기도 한다. 그러니 잔소리하는 분들을 고마워하라. 그들은 내 인생을 훼방하거나 괴롭히는 존재들이 아니라 나를 위한 고마운 조언가들이라고 생각하면서 살아라. 그러면 잔소리는 지긋지긋한 그 무엇이 아니라 자꾸만 들어도 질리지 않는 아름다운 노래가 될 것이다.

돈이 없어서
괴로울 때

현대경제연구원에 따르면 소비지출에서 주거생활비가 차지하는 비용인 한국형 슈바베 계수가 몇 년 전 34.5%를 기록했다고 한다. 주거생활비란 전월세 비용, 주택관리비, 전기·수도·가스요금 등을 합친 것이다. 이처럼 생활하는 게 갈수록 힘들어지고 있는 현실에서 청년층은 결혼과 연애는 꿈도 꾸기 어려운 처지다. 월세 방을 겨우 얻고 생활비를 쓰고 나면 버는 돈의 거의 대부분이 사라지게 된다. 취업도 힘들고, 취업을 하더라도 불안정한 직장이 대다수다. 돈이 없어서 자신의 처지를 비관해 목숨을 끊는 사람이 얼마나 많은가. 그건 비단 청년층만의 일이 아니다. 전 연령층이 돈 때문에 힘들어하고 극단적인 선택에 내몰리고 있는 실정이다.

임차가구 비중 중 40대가 무려 27%를 차지하고 있고 전체 부채도 30%를 차지하고 있다. 대한민국의 중심축이 되어야 할 40대마저도 돈 때문에 고통스러워하고 있는 형국인 것이다. 소비가 위축되고 체감경기가 나빠진 것은 가계의 안정성 하락 때문이다. 엄청난 가계 빚이 한몫을 하고 있는 것이다.

빚을 지고 사는 사람은 마치 등 뒤에서 맹견이 뒤쫓아 오고 있어서 계속 도망치지 않으면 죽을 수밖에 없는 사람과 같다. 앞을 보고 아무리 열심히 뛰어도 도무지 공포가 사라지지 않는 것이 빚을 진 사람들의 심리다. 가만히 생각해보라. 아무리 죽을 듯이 달려도 도사견이 뒤에서 쫓아온다면? 빚진 사람은 늘 불안하고 돈이란 말만 들어도 경기가 날 정도로 힘들다. 이처럼 청년층은 물론이고 40대 그리고 노년층에 이르기까지 전 연령층이 돈 때문에 괴롭다.

언제 직장을 잃을지 모르는 불안한 고용현실, 심지어 취직조차 하지 못한 처지의 실업자와 앞이 불투명한 취업준비생들 등. 이 사회의 거의 대부분의 사람들이 경제적인 고통에 시달리고 있다. 그렇다면 이렇게 돈 때문에 괴롭고 힘들 때 어떤 긍정법이 우리에게 필요할까. 가장 근원적인 처방은 긍정이다. 그러므로 우리는 돈 때문에 괴로워하지 않을 회심의 긍정법을 공부해야 하는 것이다.

공부할 때 가장 좋은 방법은 연상법이다. 연상법이란 어떤 상황에 대한 연계된 생각법이라고 여기선 정의하겠다. 긍정연상법은 돈에 따른 정신적 고통을 획기적으로 줄여줄 수 있다. 이 방법은 내가 많은 실험과정을 통해 얻은 방법으로 확실히 효과가 있다. 여러분이 만일 태어나서 단 한 번이라도 돈 때문에 괴로운 경험이 있었다면 오늘 이 시간 긍정연상법을 배워야 한다. 이 연상법의 정체는 우선 긍정이 주인공이라는 점이다. 긍정에 의한 연상이 바로 긍정연상법이다. 아주 쉽게 예를 들어보자.

핑크라는 여자가 있다. 그런데 그녀는 최근 실직을 했다. 한마디로 회사에서 잘린 것이다. 그녀에게는 돈을 빌릴 만한 가족이 없다. 부모님은 시골에서 농사를 짓고 사시는데 엄청나게 가난하기 때문에 그동안 그녀의 월급의 일부를 떼어 매달 보내드렸다. 외동딸이기 때문에 돈을 빌려달라고 할 형제자매도 없으며 소극적인 성격으로 친구도 없어서 돈을 당장 융통할 데도 없다. 그런 그녀가 실직을 해서 통장 잔고가 바닥이다. 그녀는 어떻게 이 상황을 헤쳐나가야 하는가.

돈이 없어서 핑크는 괴롭다. 며칠째 두문불출하면서 괴로워하고 있는 중이다. 만일 그녀가 계속 이런 상태로 돈이 없다는 사실을 곱씹으면서 방에서 괴로워만 하고 있다면 어떻게 될까. 이 상황이 개선될까? 천만의 말씀이시다. 그렇다면 어떻게 해야 하는가. 핑크는 긍정연상법을 지금부터 발휘해야 한다. 자, 지금부터 핑크가 긍정연상법을 풀가동하기 시작한다.

우선 핑크는 자신의 통장을 꺼내서 천천히 펼쳐든다. 거기엔 잔고가 0원이다. 그녀는 빈털터리인 것이다. 이전까지 그녀는 통장을 보는 것 자체도 괴로워했다. 그러나 이젠 핑크는 긍정연상법으로 통장을 바라보게 된다. 눈동자는 지극히 침착하게 빈 통장을 주시한다. 거기엔 지금까지 자신이 경제 관리를 어떻게 해왔는가가 여실히 나타나 있다. 그녀는 솔직히 자신의 어려움을 시인한다.

"음, 통장에 잔고가 없구나. 그렇다면 이제 정말 실질적으로 내가 경제적인 어려움에 봉착했다는 거야. 그러면 난 어떻게 해야 이 상황을 개선시킬 수 있을까?"

그녀는 일단 자신의 경제적인 상황에 대한 정확한 인식을 한다. 그리고 그 상황을 어떻게 좋은 방향으로 바꿔나갈 것인가를 모색한다. 그녀는 계속 연상한다.

"며칠째 이렇게 방에 박혀서 무의미하게 시간을 보내는 것은 아무런 도움이 되질 않는 행동이었어. 난 이제 새로운 일을 할 거야. 사람이 살다 보면 일자리를 잃기도 하는 법이지. 원숭이도 나무에서 떨어지잖아. 누구나 실수를 하고 실패를 하지. 난 잠시 후에 일자리를 얻기 위해 이 집을 나설 거야. 그리고 며칠 내로 좋은 일자리를 얻어서 취직하게 될 테지. 그건 분명해. 햇살 맑은 월요일 아침, 난 즐겁게 출근하고 있어. 그리고 그 누구보다 열심히 일을 하고 있어. 한두 달 후에 이 통장엔 100만 원이 넘는 월급이 들어온다. 음, 난 이제 여유를 되찾았어. 돈 걱정 따윈 하지 않아."

핑크는 방에서 긍정연상을 하였다. 그녀는 방 밖으로 아직 나서지 않았지만 자신이 곧 방밖으로 나서게 되고 곧 일자리를 얻어서 취직할 것을 스스로 예언하고 있다. 그리고 그러한 그녀의 긍정연상법은 실제로 현실에서도 재현되었다. 그녀는 이틀 후에 취직을 하게 되었고 한 달 뒤에 월급을 받게 되었던 것이다. 긍정적인 생각을 연속적으로 했을 뿐인데 기적이 일어난 것이다. 핑크가 계속 방에서 돈이 없는 자신을 한탄만 하고 있었다면 이런 기적이 일어날 수 있었을까? 절대로 그런 일은 벌어지지 않았을 것이다.

돈이 없어서 괴롭다면 긍정적인 연상을 하라. 그 방법은 일단 지금 있는 그 자리에서부터 시작하는 것이다. 현재 처한 상황을 정확히 인식하고 그 상황에 대한 긍정에서부터 시작해야 한다는 뜻이다. 만일 300만 원의 빚을 지고 있다면 그 상황을 정확히 인식하고 그것을 갚으면서 긍정적인 방향으로 생활해나갈 방법을 연속적으로 연상하는 것이다. 그렇지 않고서 자신의 빚을 모른 척하고 미래를 설계한다면 그건 긍정연상법이 아니다. 그리고 그러한 방법으로는 돈에 의한 고통을 줄일 수가 없다. 돈 때문에 고통스럽다는 건 자신이 그 돈을 어떻게 할 도리가 없다는 좌절감에서 비롯된다. 그런 좌절감을 없애는 것이 바로 긍정연상법이다.

하기 싫은 일을 억지로 해야 할 때

학과 동기이고 기숙사에서 같이 생활하는 최군과 오군은 며칠 전 함께 아르바이트를 하러 나갔다. 그들이 일하러 간 곳은 노량진에 있는 수산시장이었다. 그런데 최군은 일을 하는 내내 인상을 찌푸리고 일했고 오군은 즐겁게 일을 했다. 냉동생선이 가득한 무거운 박스를 나르는 일은 쉽지 않았다. 그래도 오군은 콧노래를 흥얼거리면서 열심히 했다. 그러나 최군은 뭐가 그리 못마땅한지 우거지상을 하고 일을 했다.

최군은 그럴 만한 이유가 있었다. 사실 최군은 이 아르바이트가 마음에 들지 않았던 것이다. 그건 오군도 마찬가지였다. 이 일을 하게 된 건 순전히 과 선배의 부탁 때문이었다. 두 사람과 막역한 관계였던 선배가 자신의 친척이 운영하는 가게에 일손이 필요하다고 도움을 청했기 때문이다.

"알겠어요, 형. 저희가 가서 도와드릴게요."

아무리 돈을 받고 일하는 아르바이트라고 해도 이렇게 비린내 나는 곳에서 힘들게 일하는 것이 최군은 못마땅했다. 오군도 솔직히 이 일이 썩 마음에 들지는 않았다. 하지만 오군은 긍정주의자였다. 오군은 어떤 일을 하든지 늘 즐겁게 하는 스타일이었다. 오늘도 마찬가지다. 마지못해 한다는 걸 온몸으로 표현하는 듯한 최군과 달리 오군은 정말 이 일을 즐기는 모습이었다. 일을 마치고 두 사람은 기숙사로 가는 버스에 올라탔다. 최군은 탈진한 모습으로 이렇게 말했다.

"야, 정말 그렇게 힘든 일은 처음이었어. 정말 그 선배는 왜 우리에게 그런 아르바이트를 해달라고 한 거야. 정말 죽는 줄 알았네."

그러자 오군은 전혀 지치지 않은 모습으로 말했다.

"난 괜찮던데. 처음엔 물론 별로 하고 싶지 않았지만 하다 보니까 재밌더라고. 이왕 할 일이면 즐겁게 하는 게 여러모로 좋은 것 같아. 난 오늘 새로운 경험을 해서 좋았어."

하고 싶은 일만 하면서 살면 정말 좋을 것이다. 그것도 평생 그렇게 살 수 있다면 얼마나 행복하겠는가. 그런데 인생은 안타깝게도 하기 싫은 일을 어쩔 수 없이 해야만 하는 상황을 우리에게 준다. 그것은 초등학교에서부터 시작된다. 국어를 좋아하는 아이가 있다. 그 아이는 죽어도 수학을 공부하기가 싫다. 하지만 어쩔 수 없이 수학수업을 듣고 수학숙제를 해야만 한다. 그래야 학교를 정상적으로 다닐 수가 있는 것이다. 잠이 많은 아이가 있다. 그 아이는 아침에 일찍 일어나는 게 세상에서 가장 싫은 일이다. 하지만 학교에 가려면 아침 일찍 잠에서 깨어나야만 한다.

이렇게 가만히 들여다보면 어린 초등학생들, 심지어 아기들마저도 자신이 하기 싫은 일을 하는 경우가 많다는 걸 알 수 있다. 맞벌이하는 부모를 둔 아기는 낮 동안은 어린이집에서 지내야만 한다. 아기는 그 일이 정말 싫지만 어쩔 수 없다. 가혹하게 보여도 태어나서 죽을 때까지 인간은 하고 싶지 않은 일을 해야 하는 경우를 수없이 겪어야만 한다. 이렇듯 모든 인간이 필연적으로 겪어야만 하는 이 일을 현명하게 처리하지 않는다면 삶이 힘들게 된다.

국어만 좋아하는 학생이 수학은 절대로 배우지 않겠다고 화를 내면서 학교를 그만둔다면 그 아이는 평생 수학을 배우지 못할 것이다. 조금만 참고 싫어도 수학을 배우다 보면 수학이라는 학문이 가진 매력을 느낄 수도 있고 조금씩 실력이 향상되는 걸 느끼게 되었을 텐데 말이다.

반대로 수학만 좋아하는 학생이 국어가 싫다면서 국어를 배우지 않는다면 그것도 심각한 문제가 될 것이다. 한글도 쓸 줄 모를 것이고 읽을 줄 모르는 어른이 될 가능성이 크기 때문이다. 여기에서 한 가지 발견한 것이 없는가. 바로 필요성이다. 수학을 싫어하는 아이는 수학이 싫더라도 배워야 한다. 그건 필요하기 때문이다. 또한 국어를 싫어하는 아이도 국어를 반드시 배워야만 한다. 그것도 역시 삶을 살아가는 데 꼭 필요한 것이기 때문이다.

이런 점에서 생각해본다면 위의 예에 나왔던 최군과 오군의 이야기는 우리에게 시사하는 바가 크다. 수산시장이라는 비린내 나고 조금은 험한 곳에 아르바이트를 하러 가게 된 두 친구는 각기 다른 반응을 보였다.

한 친구는 처음에는 그 일을 하는 것이 그리 썩 달갑지 않았지만 자신의 생각을 바꿔서 즐겁게 일에 임했다. 그러나 한 친구는 처음부터 그 일을 하러 가는 것을 싫어했으며 마치 도살장에 끌려간 소처럼 죽어가는 표정을 지으면서 억지로 일을 했다. 그 결과는 어떤가. 긍정적으로 일을 한 친구는 별로 지치지도 않았고 일에서 보람도 느꼈다. 하지만 억지로 일을 한 친구는 파김치가 되었고 일을 하면서도 어떤 보람이나 성과도 얻지 못했다. 그대라면 어떤 선택을 하고 싶은가. 하기 싫은 일을 하게 되더라도 즐겁게 일에 임하면 그렇지 않은 사람보다 훨씬 좋은 결과가 나타난다.

결론적으로 말해보자. 그대가 어떤 일을 앞두고 있는데 그 일은 죽기보다 싫은 일이다. 하지만 어쩔 수 없이 해내야만 하는 일이다. 그렇다면 어떻게 해야 할 것인가. 여기서 우리는 보다 더 강력한 긍정을 해야 한다. 이렇게 자신이 극도로 혐오하는 어떤 일을 해야만 하는 불쾌한 상황 앞에서도 흔들리지 않고 긍정할 수 있으려면 기존의 긍정보다 한층 업그레이드된 강력한 긍정이 있어야만 하는 것이다.

강력한 긍정이란 이런 것이다.

"내가 이 일을 해내는 것은 나 자신을 위한 길이다."

그렇다. 여러분이 정말 하기 싫은 어떤 일을 어쩔 수 없이 해야만 한다면 그 일이 자신을 위한 일이라는 긍정적 암시를 하라. 왜 자신을 위한 일인가. 인간은 불쾌한 일을 견딤으로써 한 단계 더 성숙할 수 있기 때문이다. 또한 그런 불쾌한 일은 인격적으로 성장하고 가치관을 정립하는 데 반드시 필요한 일이기 때문이다.

하기 싫은 일을 하면서 억지로 한다는 건 저차원적인 행동이다. 그건 철없는 아이들이 장난감을 안 사준다면서 엄마 앞에서 떼쓰는 것처럼 일차원적 행동에 불과하다. 하기 싫은 일이라도 즐거운 마음으로 임해보라. 정말 싫은 일을 훌륭하게 마치고 나면 그 이전에는 맛볼 수 없었던 상쾌한 기분을 느낄 수 있을 것이다. 그건 자아의 또 다른 발견이다.

하기 싫은 일은 그대를 괴롭히기 위한 일이 아니었다. 결국 그 일을 하게 된 건 행운이 될 것이다. 그러니 오늘 당장 그 일을 기쁘게 하라. 미루지 말고 오히려 반가워하면서 그 일을 빨리 마쳐라. 그렇게 하는 것이 자신을 위한 긍정법이다. 정신적 건강에도 육체적 건강에도 그렇게 하는 것이 이롭다.

다른 사람 때문에 속상할 때

연애 8년차인 미스 김은 요즘 남자친구 때문에 속상하다. 남자친구가 예전만큼 자신에게 관심을 가져주지 않기 때문이다. 초창기에 사귈 때만 해도 하루에도 수십 번씩 메시지를 보내고 자신의 일거수일투족에 관심을 보였던 남자친구가 요즘에는 겨우 하루에 한두 번 메시지를 보내고 만다. 그래서 미스 김은 매우 속상한 것이다.

미스 김처럼 다른 사람 때문에 속상해하는 사람들이 꽤 많다. 나 역시도 그런 경우가 많았던 것 같다. 과거에는 그랬다. 그렇다면 지금은 어떨까. 지금도 가끔 그런 생각이 불쑥 들 때가 분명히 있지만 과거처럼 속상해하면서 스트레스를 자초하지는 않는다. 그럴 때 긍정하는 법을 깨달았기 때문이다.

왜 미스 김은 속상한가? 우리는 좀 더 심층적으로 미스 김의 심리를 분석해볼 필요가 있다. 이유는 간단하다. 미스 김은 바로 우리 자신이기 때문이다. 우리들은 미스 김과 비슷한 상황에서 비슷한 감정을 느끼는 비슷한 성향의 인간이기 때문이다.

미스 김은 남자친구가 자신에게 예전만큼 뜨거운 관심을 가져주지 않아서 불만이다. 그녀는 남자친구에게 자신의 행복을 의지하고 있는 중이다. 다시 말해서 그녀의 행복은 남자친구가 결정권을 쥐고 있는 중이다. 그것은 그녀가 자초한 일이다. 그녀가 남자친구의 관심에 목을 매고 있는 것 자체가 자신의 행복결정권을 남자친구에게 내어준 꼴이다. 미스 김의 심리는 매우 불안정하다. 그녀는 타인에게 전적으로 의지하려고 하는 나약한 마음을 지니고 있다. 그럼 미스 김은 어떻게 해야 본연의 자신으로 돌아가서 남자친구에게 연연하지 않는 삶을 살 수 있을까.

미스 김은 지금 당장 남자친구를 친구 목록에서 숨기는 게 좋다. 그리고 아예 자신이 메시지를 보낼 수도 없게 만들어야 한다. 그렇다면 이젠 남자친구가 연락이 오기 전에는 카톡이 연결되긴 어려워진다. 그리고 미스 김은 오로지 남자친구만 바라보던 시선을 자기 자신에게로 되돌려야 한다. 남자친구가 누굴 만나든, 메시지를 보내든 말든 관심을 꺼야 한다. 그것은 처음에는 조금 어려운 일일 수도 있다. 하지만 그렇게 하지 않는다면 그녀는 많은 걸 잃게 된다. 우선 남자친구의 사랑을 잃을 것이다. 자신에게 집착하는 여자에게 매력을 느끼는 남자는 드물다는 사실. 또한 자신의 삶을 잃게 된다. 남자친구가 주인공인 삶에서 그녀 자신은 보조출연자로 전락할 것이기 때문이다.

인간의 삶에서 가장 큰 비중을 차지해야 할 사람은 자기 자신이다. 그런데 다른 사람이 그 자리를 차지하게 되면 선장을 잃은 배처럼 삶이 표류하게 된다. 자기 자신을 위해 생각해야 하는데 그 사람을 생각하게 되고, 그 사람이 자신에게 조금이라도 서운하게 하면 속상해하는 일이 벌어지게 되는 것이다. 이러한 삶의 기현상은 결국 불행한 삶으로 귀결된다.

지금 여러분이 다른 사람 때문에 속상하다면 그것은 분명 잘못된 현상이다. 그렇게 된 건 집착하기 때문이다. 예를 들어서 이런 경우가 있다고 하자. 어느 아파트에 선희 엄마가 살고 있다. 선희 엄마는 요즘 윗집에 새로 이사 온 사람들 때문에 속상해 미칠 지경이다. 한 달 전에 윗집에 이사 온 일가족은 밤마다 단체로 뜀뛰기를 하는지 층간소음이 장난이 아니기 때문이다. 그녀는 저녁 일곱시만 되면 심장이 두근거린다.

"또 뛰겠군."

역시나 예상은 다르지 않았다. 일곱시가 되자 마치 알람시계처럼 윗집에 사는 사람들 중 누군가가 제자리뛰기를 시작하는 것이다. 그 소리는 런닝머신 소리와 흡사했다. 선희 엄마는 그 소리에 온통 신경이 쓰인다. 저녁식사 준비도 제대로 할 수 없을 정도다. 그녀의 남편은 밤 늦게 퇴근하고 아들은 군대에 가 있어서 누구도 그녀가 이렇게 힘들어 하는 것을 모른다. 남편도 선희 엄마의 이야기에 별 반응이 없다.

"나는 한 번도 못 들었는데."

당연한 소리다. 윗집 사람들은 남편이 들어오기 전인 여덟시만 되면 조용해지기 때문이다. 선희 엄마는 윗집 사람들 때문에 이렇게 고통받는 것을 더 이상 견딜 수 없었다. 그래서 어느 날, 아주 큰 심호흡을 하고 윗집에 올라가서 노크를 했다.

"저 아랫집에서 왔는데요."

잠시 후에 문이 열리고 몹시도 지쳐 보이는 초췌한 여인이 얼굴을 내밀었다. 그녀는 선희 엄마보다는 열 살은 더 먹어 보였다.

"저 정말 참고 참다 올라왔습니다. 도대체 저녁 일곱시만 되면 왜 이렇게 시끄러운 건가요?"

"아, 네 죄송합니다. 저희 아이가 파킨슨병인데 그 시간에 재활운동을 하거든요."

그리고 보니 엘리베이터에서 가끔 몸을 제대로 못 가누는 순박한 얼굴의 청년을 본 적이 있던 것 같다. 순간 선희 엄마는 할 말을 잃었다. 집에 내려와서 생각해보니 자신이 지나치게 윗집 소음에 집착했다는 걸 알게 되었다.

그 후 저녁 일곱시는 더 이상 선희 엄마에게 공포의 시간이 아니었다. 몸이 아픈 아이가 건강해지고 싶다는 열망으로 열심히 재활운동을 하는 모습을 상상하니 오히려 응원해주고 싶은 시간이 되었다. 그녀의 스트레스는 이제 깨끗하게 사라진 것이다. 선희 엄마는 자신도 모르게 윗집의 소음에 집착했던 것이다. 그리고 작은 소음이 점점 자신의 생각 속에서 증식되어 자신을 집어삼키는 괴물로 변해 그토록 스스로를 괴롭혔던 것이다. 하지만 선희 엄마는 소음의 진실을 알게 되자 더 이상 집착하지 않게 되었다.

지금 다른 사람 때문에 속상한가. 그렇다면 과도한 집착을 버려라. 상대방이 이렇게 변해야 한다는 집착, 상대방은 이렇게 행동해야 한다는 집착, 상대방은 나만 바라봐야 한다는 집착, 상대방은 내 말을 잘 들어야 한다는 집착, 이런 다양한 종류의 집착이 지금 그대를 속상하게 만들고 있는 것이다. 집착을 버리면 속상할 일도 없다. 다른 사람에게 바라는 것이 사라지니 실망할 일도 없어질 것이기 때문이다.

더 이상 희망이 보이지 않을 때

"엄마, 이 게임 정말 재밌어."

천진한 얼굴로 게임기를 가지고 놀고 있는 아이 옆에서 엄마는 눈시울이 촉촉이 젖어 있다. 아이는 소아암에 걸렸고 지금 그들이 있는 곳은 소아암 병동이다. 아직 아무것도 모르는 다섯 살 아들은 자신이 왜 이곳에 와 있는지조차 모른다. 하지만 엄마는 아들이 길어야 1년, 짧으면 5개월밖에 살 수 없다는 의사의 얘기를 듣고 하늘이 무너지는 심정이었다. 그녀가 할 수 있는 일은 우는 것뿐이었다. 고아에 미혼모인 그녀가 기댈 수 있는 사람은 아무도 없었기 때문이다.

그렇지만 엄마는 다시 희망을 찾고 있다. 그녀가 입원을 결정하고 수술하기로 한 건 모두 그 희망의 끈을 붙잡기 위한 최선의 선택이다.

이렇게 해서라도 아들을 살리고 싶다는 절박한 마음뿐이다. 아직 아이는 자신의 병에 대해 모른다. 설령 누군가 그 병에 대해 설명해준다고 해도 아직 이해하지 못할 아이의 나이는 고작 다섯 살이다. 게임을 하면서 즐거운지 연신 웃음을 터뜨리는 아이는 자신의 통증이 뭘 의미하는지 모른다.

어느 소아암 병동의 스케치다. 아직 자신이 어떤 병에 걸렸는지 알지 못하는 다섯 살 아들과 그런 아들을 바라보면서 눈물짓는 젊은 엄마의 모습이 눈에 선하다. 그들에게도 희망은 있는 걸까. 신이 있다면 그를 원망할 법도 하다. 그렇지만 엄마는 신을 원망하거나 자신의 인생을 비관하지 않는다. 대신 아들을 위해 해줄 수 있는 최선의 것을 선택한다. 그 방법은 바로 수술이다. 수술해서 아들이 살 가능성은 10%도 채 되지 않지만 그녀는 희망을 걸어보고 있는 중이다. 그런데 이들 모자보다 훨씬 상황이 좋은 사람들이 자신의 삶을 원망하고 있다. 중병에 걸린 것도 아니고 거리에 나앉을 만큼 가난하지도 않는데도 희망을 버리는 사람이 한둘이 아니다.

만일 그대가 지금 자신의 인생에 더 이상 희망이란 것이 보이지 않는다는 생각에 사로잡혀 있다면 이제야말로 긍정을 해야 할 때다. 진정한 긍정의 길로 들어서야 할 때인 것이다. 지금까지 읽어온 이 책의 모든 것을 다 잊었더라도 좋다. 하지만 '긍정'이라는 이 단어 하나만큼은 기억하라. 긍정하면 희망은 바로 그대의 것이다. 긍정하면 성공도 그대의 것이다. 긍정하면 행복도 그대의 것이다. 혹시 정말로 위의 엄마와 아들처럼 사선 앞에 서 있더라도 그렇다. 시한부 선고를 받더라도 긍정하는 사람에게는 희망이 생길 것이다.

하지만 부정적으로 생각하는 사람에게는 내면에 남아 있던 희망마저도 사라질 것이다. 더 이상 희망이 보이지 않는다는 상황은 인식의 장애에서 비롯된 것이다. 다시 말해서 어떤 절망적인 경우에도 희망을 찾을 수는 있다는 말이다. 인식이 어떤 패턴으로 움직이느냐에 따라서 상황을 비관적으로 해석할 수도 있고, 긍정적으로 해석할 수도 있다. 그렇다면 이런 추론이 가능해진다. 인식을 제대로 한다면 그 어떤 상황에서도 긍정적으로 살 수 있다는 것이다.

인식이란 사물에 대한 인지능력이고 사물에 대한 해석법이라고 할 수 있다. 그러한 인식을 제대로 한다는 건 가급적 부정적인 선입견에 물들지 않고 객관적이고 호의적으로 사물을 바라보는 것을 의미한다. 한 가지 사건에 대한 인식도 다양하게 나타날 수 있다. 예를 들어서 생각해본다면 이렇다. 어젯밤에 그대는 지갑을 잃어버렸다. 그 지갑 안에는 카드도 있고 주민등록증도 있으며 꽤 많은 현금도 있었다. 그대는 인식할 것이다. "내가 지갑을 잃어버렸구나." 그다음은 이제 다양한 톤의 인식들이 나타나기 시작한다.

"큰일 났네. 정말 속상하군. 난 왜 이리 덤벙대는 거야. 제기랄. 누가 내 지갑을 주웠는지 횡재했군. 정말 재수 없다."

이런 인식을 하면 기분이 어떤가. 분명히 기분이 좋지 않을 것이다. 하루 종일 그런 인식 상태로 지낸다면 하고 있는 일도 집중이 안 될 것이고 마주하는 사람에게도 미소를 지을 수 없을 것이다. 왜냐하면 마음속이 부정으로 물들어서 엉망진창이기 때문이다. 하지만 같은 지갑을 잃어버린 사건 앞에서 또 다른 인식을 할 수도 있다.

"괜찮아. 나도 실수를 하는 인간이지. 지갑을 잃어버렸지만 앞으로 조심해서 잘 간수해야겠다. 내 지갑을 주운 사람은 어쩌면 불우한 사람인지도 몰라. 그 사람에게 내 돈이 도움이 될 수도 있지. 주민등록증이나 카드는 새로 발급받으면 되니까. 큰일은 아니야. 괜찮아."

이런 긍정적이고 낙천적인 인식을 하게 되면 그날 하루도 여느 때와 다름없이 편안하게 지낼 수 있다. 마음 편히 지내는 것은 인생의 행복 중 으뜸이다. 그런데 이렇게 긍정적인 인식을 가능하게 하는 건 긍정적인 생각이라는 것을 기억해야 한다. 그런 긍정적인 생각은 일관성을 지니고 지속되어야 한다. 아침에는 긍정적인 생각을 하다가 점심때쯤 되어서 부정적인 생각을 한다면 긍정적인 생각의 일관성이 결여된 삶이다. 저녁에는 긍정적이고 명랑하던 사람이 다음 날 아침이 되어 부정적으로 변한다면 그 사람도 일관성이 결여된 인생을 사는 중이다.

그런 사람을 본 적이 있을 것이다. 하루 종일 기분이 오락가락하는 사람. 그런 사람에게서는 뭔지 모를 불안이 느껴지지 않았는가. 그들에겐 긍정의 일관성이 부족하다. 하루 종일, 한 달 내내, 1년 내내 긍정할 수 있는 사람이 되어야 한다. 그렇게 된다면 더 이상 희망이 보이지 않을 만큼 암담한 일이 벌어져도 긍정할 수 있는 힘이 생기는 것이다.

희망은 결코 사라지지 않는다. 인간이 그것을 잠시 놓치고 보지 못하는 것일 뿐이다. 마치 비온 뒤에 피어난 무지개처럼 희망은 거기에 있는데 시야가 부정으로 가려져 보지 못하는 것이다. 희망은 어느 곳에나 있다. 어느 시간대에도 있고 어느 사람에게나 공평하게 주어진다. 다만 긍정적인 사람이 된다면 희망은 언제 어디서나 항상 그의 것이 될 것이며, 부정적인 사람이 된다면 희망을 영원히 찾지 못할 것이다.

삶의 성패는 긍정과 부정의 연속적인 선택에 달려 있다. 어떤 것을 선택할까 더 이상 머리 아프게 고민할 것도 없다. 그대는 무조건 긍정을 선택해야만 한다. 긍정만이 인생 최고의 정답이기 때문이다. 긍정만이 우리들을 죽음 같은 생의 공포에서 구해줄 수 있다. 타인에게 의지해서 삶의 무게를 덜어보려고 하거나 공포심을 줄여보려고 하는 것은 다 부질없는 일이다. 그 사람 역시도 자신의 문젯거리들로 인해서 고통받는 인간일 뿐이다.

자기 내면의 힘, 바로 긍정에 의지하라. 긍정이라는 친구와 동행하라. 살다 보면 정말 원치 않지만 넘어질 일, 쓰러질 일이 있을 것이다. 그때 포기하지 말고 다시 일어서라. 반드시 일어서라. 괜찮아, 다시 일어서봐, 그대에게 이 책을 마무리 지으면서 꼭 들려주고 싶은 말이다.

"괜찮아, 다시 꼭 일어서봐, 할 수 있어! 넌 소중한 사람이고 위대한 존재니까."

긍정, 그것만이 자신을 가장 행복하게 만들어줄 것이다. 삶의 마지막 순간까지 뿌리 속까지 긍정하면서 멋지게 살기 바란다.

죽을 만큼 힘들어도
나는 울지 않기로 했다

초판 1쇄 인쇄 · 2019년 11월 20일
초판 1쇄 발행 · 2019년 11월 25일

지은이 · 백정미
펴낸이 · 이춘원
펴낸곳 · 책이있는마을
기 획 · 강영길
편 집 · 이경미
디자인 · 블루
마케팅 · 강영길

주 소 · 경기도 고양시 일산동구 무궁화로120번길 40-14(정발산동)
전 화 · (031) 911-8017
팩 스 · (031) 911-8018
이메일 · bookvillagekr@hanmail.net
등록일 · 2005년 4월 20일
등록번호 · 제2014-000024호

잘못된 책은 구입하신 서점에서 교환해 드립니다.
책값은 뒤표지에 있습니다.

ISBN 978-89-5639-320-9 (03810)

이 도서의 국립중앙도서관 출판예정도서목록(CIP)은 서지정보유통지원시스템 홈페이지(http://seoji.nl.go.kr)와
국가자료종합목록시스템(http://www.nl.go.kr/kolisnet)에서 이용하실 수 있습니다. (CIP제어번호 : CIP2019044952)

That Something
; Original Title

사람들이 어떻게 살든 나는 행복해지기로 했다

영혼의 엔진을 움직이는 '그 무엇'을 찾아라

성공한 사람들은 자기 안에 잠재되어 있는 90%의 재능을 찾아내고 스스로 동기부여를 한 사람들이다. 우리의 내부에는 상상도 할 수 없을 만큼 엄청난 힘을 발휘하는 '90%의 그 무엇'이 숨어 있다. 성공한 사람들은 대부분 절망, 좌절, 두려움 따위에 가려져 있던 '그 무엇'을 제대로 찾아낸 사람들이다.

이 책은 가난과 실직으로 절망한 한 젊은이가 성공의 길을 찾아가는 과정을 그리고 있다. 그 과정은 바로 자신 안에 잠자고 있는 '그 무엇'을 찾아가는 과정이 기도 하다. 이 책은 피곤한 일상 속에서 꿈을 잃고 살아가는 이들이 영혼의 엔진을 움직이는 '그 무엇'을 찾아 삶에 대한 새로운 용기와 희망을 품을 수 있도록 충실한 길라잡이 구실을 한다.

폴 J. 마이어 전달 | 최종옥 편역 | 자기계발
올 컬러 양장본 | 13,000원

죽을 만큼 힘들어도

나는 울지 않기로 했다

내 삶을 지켜주는 진정한 긍정의 마법